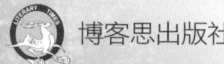

博客思出版社

文化自省

王超 著

目次

前言　6

哲學的作用　8

第一章 術數　13

第二章 人性的弱點　27

第三章 自修　32

第四章 道　39

第五章 修行　51

第六章 創業與守業　56

第七章 入世與出世　67

第八章 知識的局限性　78

第九章 孤獨的旅程　87

第十章 彼岸　92

第十一章 局　104

第十二章 桃花庵　125

第十三章 中國人的思辨 129

第十四章 理論的 BUG 138

第十五章 沙丁魚罐頭 142

第十六章 古老的創新 151

第十七章 不言之教 158

第十八章 痛苦的根源 170

第十九章 王婆理論 181

第二十章 躺平的智慧 193

第二十一章 如何預測未來 207

第二十二章 為什麼中國的傳統哲學會出現斷層 212

前言

「九州生氣恃風雷，萬馬齊喑究可哀。我勸天公重抖擻，不拘一格降人才。」引用了龔自珍的詩詞，主要是因為現在哲學的研究氛圍與這首詩相差不多，參與哲學研究的人很多，但能夠讓人眼前一亮，或者留下印象的很少，如何才能突破這種沉悶的局面？

在一個房間裡待久了，就會感到沉悶，應該出去走一走。但是，人們又總是喜歡把自己禁錮起來，房間裡面的才是正統，外面統統都是雜論。

房間裡面，生活舒適、安逸，但束縛太多。房間

外面，風吹日曬，但沒有束縛，可以自由發揮，勇於嘗試，即便失敗，那也是理所當然。所以，這本書就是在沒有束縛的情況下，進行的勇敢嘗試。

中國的近代史備受屈辱，以至於產生了文化自卑，導致全盤西化，但是我們的傳統文化真的沒有優勢嗎？其實，AMD 與 NVIDIA 的崛起背後，與中國傳統文化有著千絲萬縷的關係，中國的傳統文化存在巨大的優勢，只是我們還沒有辦法將這種優勢表達和展示出來！

過去，中國的文化建立在文言文的基礎之上，現在進入了白話文時代，在銜接過程中出現了嚴重的問題，以至於現代人根本無法接受，出現了文化斷層。這本書試圖在打開這一局面，讓傳統文化重新回歸人們的生活和視野，讓中國的傳統哲學走出去。

由於此書是在業餘時間完成，平時工作任務繁重，精力有限，在表達想法的時候不那麼精細，有錯誤的地方還請指正。可能書中有些觀點存在爭議，但本書最大的優勢在於，為未來的文化發展找到了方向。

哲學的作用

人們對知識有一種偏執,總是在不停的學習,無論是在學校,還是步入社會之後。學歷、證書、公務員等等,幾乎所有的選拔制度都建立在知識的基礎之上,知識和學歷在當代社會中擁有非常重要的地位。

相對於知識,現在最為尷尬的是哲學,這個曾經高大上的學問卻鮮有人問津,被認為是無用的學問,沒有實用價值。人們不清楚哲學解決的是什麼問題,也不知道哲學研究的是什麼。但哲學真的無用嗎?

2002 年,美國人羅伯特・楊出版《PH 值奇跡:恢復你的健康》,成為暢銷書,被翻譯成 17 種語言,在全世界銷售。然而在 2018 年 11 月 2 日,羅伯特・

楊被美國加州聖達戈法庭判決賠償一位癌症患者 1.05 億美元。

這位癌症患者在 2007 年被確診為乳腺癌，羅伯特・楊表示：不用手術和化療，只需要調理酸城體質，就能治好癌症。患者聽從了羅伯特・楊的建議，放棄化療等傳統治療方法，接受羅伯特・楊的治療。然而數月之後，患者的癌細胞並沒有消失，反而已經轉移，意識到被騙，患者將羅伯特・楊告上了法庭。許多慕名而來的癌症患者，在羅伯特・楊的治療下，非但沒有康復，反而加速了死亡。

當患者被說服，便認為酸城平衡理論是正確的，接受了羅伯特的治療。然而患者並沒有因此康復，反而導致了病情的惡化！事實證明，酸城平衡理論是錯誤的。

如果美國法院沒有對羅伯特・楊進行宣判，那麼酸城平衡理論是正確的嗎？

人們習慣了應試教育，為了能夠在選拔中取得好成績，努力學習並掌握各種知識。但是在象牙塔中，人們學習的知識經過了嚴格的篩選，因此應試教育存在一個潛在的默認前提：知識是絕對正確的，不允許存在任何質疑，任何質疑都會被判定為錯誤！這種教育方式埋下了一個隱患：人們根本不會對知識進行質疑！

此時人們的心中肯定充滿了疑問：我們為什麼要對知識進行質疑呢？

1984 年 3 月，王洪成推出「水基燃料」，在全國各地開展表演，一瓶水加一滴「水基燃料」，搖晃幾下點燃，便可以燃起熊熊大火。全國報社爭相報導，一時間成了炙手可熱的天才，被稱為「中國第五大發明」。先後有 300 多家企業與他合作，其中不乏集體企業和國資企業，甚至有部隊企業為了與他合作，為此專門創辦了一家公司。然而直到 1996 年元旦，王洪成被判刑，「水基燃料」才正式被定義為騙局。

酸域平衡與水基燃料非常相似，雖然在理論誕生的那一刻便是虛假的，但卻成功將人們說服，因此人們相信理論是真實的，認為理論描述的場景能夠在客觀世界中成為現實。然而數年之後，人們發現理論描述的場景根本無法在客觀世界成為現實，此時，理論才被人們視為騙局！

　　當人們被說服，便認為理論是正確的，當人們發現理論描述的場景無法成為現實，理論被證實是錯誤的，然而此時的人們已經為此付出了高昂的代價，癌症患者錯過了最佳治療階段，投資「水基燃料」的商人血本無歸。

　　三國時期蜀國將領馬謖，熟讀兵法、才智過人，深受諸葛亮信任。諸葛亮任命馬謖把守軍事重地街亭，但馬謖違反了諸葛亮的作戰部署，放棄水源，把軍隊駐紮在了南山之上。副將王平提出：「南山一無水源，二無糧道，若魏軍圍困，切斷水源，斷絕糧道，不戰自潰。」馬謖不聽勸阻，洋洋自得：「居高臨下，勢

如破竹，置死地而後生，這是兵家常識，我將大軍布於山上，使之絕無反顧，這正是致勝之秘訣。」當魏將張郃到來之後，迅速切斷了馬謖的取水道路，蜀國軍隊因此陷入恐慌，被魏國軍隊打敗，士卒潰散，街亭失守。最終上演了「諸葛亮揮淚斬馬謖」！

馬謖擁有豐富的知識，能夠將所有人說服，但卻無法在戰爭中取得勝利。學生學習了大量的知識，然而走出校園之後卻發現：學習的知識根本用不上，這個問題困擾了很多人，但究竟是什麼原因造成了這樣的局面，如何才能破局？

術數

　　2003 年 2 月，上海交通大學微電子學院院長陳進教授發佈「漢芯一號」，號稱採用 0.18 微米先進工藝，集成了 250 萬個元件，具有 32 位運算處理內核，每秒鐘運算能力高達 2 億次。經過專家組鑑定：「漢芯 1 號」及其相關設計和應用開發平臺，屬於國內首創，達到了國際先進水準。借助「漢芯一號」，陳進申請了數十個科研專案，獲取了高達上億元的科研基金。

　　2006 年，清華大學 BBS 上發帖《漢芯黑幕》，匿名舉報陳進的漢芯 CPU 造假。陳進購買了幾顆摩托羅拉飛思卡爾 56800 的晶片，將晶片表面的摩托羅拉 Logo 等字樣用砂紙磨掉，然後打上「漢芯」字樣，「漢

芯1號」就此誕生！

「漢芯1號」騙取了國家超過1億元的研發經費，上海交大及各相關方在漢芯專案上的損失高達11億。此事對中國的晶片發展造成了嚴重影響，不僅浪費了大量的資金，還使中國錯過了晶片發展的最佳時期。

陳進位於當時中國社會認知的前沿，擁有絕對的權威，他提供的資訊構建了人們腦海對客觀世界的印象，然而這些資訊卻是虛假的，騙取了大量錢財，中國科技發展因此遭受巨大損失。

人們以為自己腦海中呈現的景象便是客觀世界的面貌，然而事實卻並非如此，人類對客觀世界的理解和認識分為三個層次，第一層為普通人，生活在陳進塑造的世界觀中。第二層便是陳進，利用權威將人們禁錮在特定的世界觀中。第三層則是客觀世界的真實面貌：陳進購買摩托羅拉的晶片造假。

陳進、羅伯特‧楊、王洪成，雖然三人編織的理

論不同，但卻有著相同的本質：在人們腦海中塑造了一個虛假的世界觀，將人們對客觀世界的理解和認識禁錮其中。

《鹽鐵論》中提及：「富在術數，不在勞身」，普通人相信勤勞能夠致富，然而勤勞只是解決了溫飽，卻難以達到富裕。而陳進、羅伯特‧楊、王洪成等等，利用虛假的理論將人們禁錮在虛假的世界觀中，搜刮人們的財富，成功達到了富裕。

曾經中國大地上的農民深受封建迷信的荼毒，而這種致富方式與封建迷信並沒有本質的區別，都是將人們置於虛假的世界中，搜刮人們的錢財。從事這種行當的人被稱為術士！

術士是一種古老的職業，太平天國、義和團、白蓮教、明教、天地會等等，利用理論將人們禁錮在特定的世界觀中，搜刮人們的財富，實現自己的政治抱負，雖然術士編織的理論數不勝數，然而萬變不離其宗，其核心均是利用理論將人們禁錮在特定的世界觀

中，影響和控制人們的思想和行為。

雖然術士在中國歷史中擁有重要的地位，但卻被中國的傳統哲學視為邪門歪道，術改變的只是人們腦海對客觀世界的印象，客觀世界並沒有發生變化，依然在按照自身的規律運行。人們被禁錮在術士編織的虛假世界中，根本看不到客觀世界的真實面貌。腦海中浮現的景象與客觀世界脫節，因此根本無法在客觀世界中成為現實。

算命先生無法給自己算命，是人們對術士的調侃，術士在人們腦海中創造了一個虛假的世界觀，在這個世界中，自己神通廣大，無所不能，擁有絕對的權威。然而當術士面對客觀世界時，對未來卻一無所知，根本不知道未來將會如何發展！

清朝末年，義和團在山東、河北一帶流行。袁世凱會見義和團大師兄，大師兄吹噓神功護體、刀槍不入。袁世凱讓其表演，然後擡手一槍，大師兄應聲倒地，氣絕身亡。原來大師兄表演所使用的都是道具，

沒想到袁世凱會用真槍。

只有將人們說服之後,「術」才能有效影響和控制人們的思想,如果無法將人們說服,「術」是無效的。因此,對於「術」而言:信則有,不信則無!

無論是東方還是西方,古代還是現代,同樣都受到了「術」的困擾。

美國血液檢測公司 Theranos,號稱「告別可怕的針頭和采血試管」只需要幾滴血便可以完成 240 項醫療檢查,從膽固醇到癌症都可以檢測。這一發現可以顛覆整個醫療檢測行業,美國醫療檢測行業年收入達 730 億美元,70% 的業務可以被 Theranos 取代,Theranos 的估值一度達到 90 億美元,創始人伊莉莎白・福爾摩斯在 2015 年以 45 億的身家,成為福布斯財富榜上最年輕女富豪。但在 2015 年,《華爾街日報》發佈一份調查報告,稱 Theranos 嚴重誇大其技術能力。經過調查,企業宣稱的 240 項檢查,他們的儀器只能完成 15 項。Theranos 一落千丈,官司纏身,入

不敷出，90 億身家迅速縮水。

「術」改變的只是人們腦海對客觀世界的印象，一旦被說服，便會被禁錮在虛假的世界中。伊莉莎白·福爾摩斯成功說服了資本市場，將人們對客觀世界的理解和認識禁錮其中，獲得了巨大的利益。然而，虛假的世界觀根本無法在客觀世界中成為現實，投資人因此損失慘重。

陳進、伊莉莎白·福爾摩斯等等，將人們禁錮在虛假的世界觀中，獲得了社會中的優勢資源，然而他們並沒有利用這些資源去造福人類，只是將人們手中的財富轉移到自己手中，這種行為造成了社會資源的浪費，不利於社會發展。

「術」塑造的世界觀早在數千年前就實現了騰雲駕霧，一日千里，然而科學實現這一點也只是近百年的事，雖然科學塑造的世界觀在「術」面前不值一提，但科學能夠將人們腦海中呈現的景象在客觀世界中變為現實，而「術」無法做到這一點。

自文藝復興之後，科學開始高速發展，主要的原因在於：成功將「術」與科學分離，科學發展獲得了足夠的資源，不再受到「術」的困擾。反觀當時的中國，1888 年，李鴻章為慈禧修建了一段鐵路，買了一列小火車，慈禧認為火車震耳欲聾的轟鳴聲會破壞龍脈，於是廢棄火車頭，改用人力。1901 年，袁世凱花費數萬大洋為慈禧太後購買了一輛汽車，慈禧認為司機竟敢與自己平起平坐，命令司機跪著開車。科學發展無法獲得足夠的資源，曾經先進的中國逐漸落後於時代。

　　保證科學健康發展的前提是：是將「術」與科學分開，然而漢芯造假、酸城平衡理論、以及 Theranos 事件證明，這並不是一件容易的事情。如果無法準確將兩者分開，「術」只會擠佔科學發展的資源，除了虛假的理論，根本不會有任何產出，造成嚴重的資源浪費。

　　2023 年 7 月，韓國科學家團隊聲稱發現了全球首個室溫超導材料，簡稱 LK-99，吸引了全球的關注，常

溫下導體的電阻消失，能源傳輸損耗為零，不再擔心發熱問題等等，這項發現足以掀起一場全球性的能源革命。室溫超導在網路上掀起了熱烈討論，然而時隔一年之後，室溫超導的熱度便在網路上銷聲匿跡。

常溫超導材料與水基燃料有很多相似的地方，兩種事物都處在人類認知的前沿，現有的知識無法對兩者的真實性做出判斷。然而兩者不同的地方在於：水基燃料在媒體上大肆宣傳，許多人被說服，並相信水基燃料的真實性，願意進行投資。雖然常溫超導材料在媒體上也進行了大肆宣傳，但卻很快銷聲匿跡，為何兩者相差如此之大？

在商業活動中，「術」是一種常見現象，但在科學研究中，「術」會擠佔科學發展所需的資源，因此需要進行杜絕。「術」與科學最大的區別在於：科學是對客觀世界的切實描述，即便遭到了人們的否認，依然能夠在客觀世界中重現。而「術」塑造的只是人們腦海中的世界，當人們被說服，便被禁錮在「術」

編織的虛假世界中，根本無法在客觀世界中成為現實。為了杜絕「術」對科學的影響，我們需要對理論進行驗證，如果理論描述的場景能夠在客觀世界中重現，便證明這是科學！如果理論描述的場景無法在客觀世界中重現，則證明理論存在缺陷，還需要科學家繼續探索和完善。

水基燃料未經任何驗證便在社會中廣泛宣傳，人們能夠得到的資訊全部來自於王洪成，因此被置於王洪成編織的虛假世界中，借助這種虛假的世界觀，王洪成獲取了大量的財富！然而，虛假的世界觀根本無法在客觀世界中成為現實！如果這種現象發生在學術界，將會造成巨大的災難，陳進便是例子。

科學就像純淨水，一點雜質就可以造成污染，而哲學就像過濾雜質的滲透膜，將非科學理論隔離在外，從而保證了科學的純淨。近代西方科學取得快速發展的基礎，得益於西方哲學搭建起了科學發展所需要的環境，科學獨立於政治。反觀當時的東方，封建王朝

為了自身的利益,將人們所有的認知都禁錮在了特定的世界觀內,並且不允許人們掙脫這種世界觀,科學根本沒有生存的環境。

現代社會中,知識扮演了重要的角色,學歷、求職、證書、公務員選拔等等,均建立在知識的基礎之上,對知識的掌握越充分,能夠獲得的機會也就越多,依靠知識進行選拔,已經成為當下社會重要的「遊戲規則」。為了獲取更多的機會,人們努力學習知識,但也造成了非常嚴重的內卷,家庭的教育負擔越來越重,學生的學習壓力也越來越大,然而這個問題在目前看來依然無解。

知識塑造了人們腦海對客觀世界的印象,但卻是認知的最底端。美國人羅伯特‧楊出版《PH值奇跡:恢復你的健康》,被翻譯成17種語言,在全世界銷售,擁有為數眾多的粉絲。當人們被說服,便沉浸在理論編織的世界之中,直到2018年,癌症患者用自己的生命向人們證明:酸鹼平衡理論是虛假的!

人們相信知識能夠改變命運，一有閒置時間，便進入圖書館學習，挑選自己需要的書籍，學習書中的知識，非常勤奮！但人們有沒有思考過：書中的知識是否正確呢？能夠將人們說服的理論，人們便認為是正確的。無法將人們說服的理論，人們便認為是錯誤的。酸城平衡理論成功將人們說服，然而最後的事實證明：酸城平衡理論是錯誤的！

　　在應試教育的環境之下，我們只需要將知識掌握的更牢固，取得更高的成績，根本不需要對知識進行篩選和甄別。因此，人們認為哲學是多餘的！然而，從象牙塔中走出的高材生卻總是被不知不覺的割韭菜，而且還不知道為什麼，究竟是哪裡出現了問題？

　　這其實是一個非常古老的問題：「術士」利用虛假的理論，將人們禁錮在特定的世界觀中，利用世界觀來搜刮人們的財富。雖然建國之後便已經消滅了封建迷信，然而封建迷信僅僅只是「術士」的一個手段而已，改頭換面之後，「術士」捲土重來！

美國安然公司曾經是世界上最大的能源、商品和服務公司之一，名列《財富》雜誌「美國500強」的第七名。2001年12月2日，安然公司向紐約破產法院申請破產保護，成為美國歷史上企業第二大破產案。

安然2000年第四季度財務報告顯示：公司天然氣業務成長翻升3倍，公司能源服務公司零售業務翻升5倍；2001年第一季度：季營收成長4倍，是連續21個盈餘成長的財季。危機爆發之前，安然公司的股票一直受到投資者的追捧，但投資者不知道的是：安然高層官員控制一些合夥公司，將安然對外的巨額貸款列入這些公司，使其不出現在安然的資產負債表上。這樣，安然高達130億美元的巨額債務就不會為投資人所知。

2001年年初，一家投資機構公開對安然的盈利模式表示了懷疑。雖然安然的業務看起來很輝煌，但實際上賺不到什麼錢，也沒有人能夠說清安然是怎麼賺錢的。據他分析，安然的盈利率在2000年為5%，到

了 2001 年初就降到 2% 以下，對於投資者來說，投資回報率僅有 7% 左右。

這番言論引起了人們的懷疑，並開始認真研究安然的盈利情況和現金流向，安然造假的真相慢慢浮出水面。2001 年 10 月 16 日，安然發表 2001 年第二季度財報，宣佈公司虧損總計達到 6.18 億美元。2001 年 12 月 2 日，安然正式向破產法院申請破產保護，破產清單中所列資產高達 498 億美元，成為美國歷史上最大的破產企業。

普通人能夠接觸到的資訊其實已經是社會的最底層，處於資訊不對稱的最不利局面，安然利用資訊不對稱將人們禁錮在特定的世界觀中！雖然人們生活在客觀世界中，但邏輯思維卻在腦海的世界觀中完成！人們能夠得到的資訊都在證明，安然公司的股票非常具有投資價值！然而在客觀世界中，安然公司的股票並不值那麼多錢！

股民期望自己能夠以較低的價格買入股票，然後

以較高的價格賣出，為了達到這一目的，不停的學習，鑽研理論，研究各種消息，付出了相當大的精力。然而《鹽鐵論》早已指出：「富在術數，不在勞身」，安然公司在人們腦海中編織了一個虛假的世界觀，成功將客觀世界中並不怎麼值錢的股票以高昂的價格賣給股民，輕鬆實現了財富自由！反觀股民，無論如何努力，始終難以逃脫被收割的命運！

依靠知識來改變命運，存在一個難以逾越的瓶頸：認知！安然公司通過虛假的資訊，在人們腦海中塑造了一個特定的世界觀，就算我們掌握了全世界最先進的知識，邏輯和思維依然在腦海的世界觀中進行。人們完全被禁錮在安然編織的世界觀中，根本看不到客觀世界的真實面貌，只能任人宰割，普通人真的很難改變自己的命運！

第二章

人性的弱點

西元前 260 年，秦、趙兩國爆發了長平之戰。戰爭初期，秦國連連得手，趙國損失慘重，為了抵擋秦軍的攻勢，趙國將領廉頗佔據有利地勢，固守不戰。面對廉頗的策略，秦國無計可施，於是派間諜在趙國散佈謠言：秦國不怕廉頗，怕趙括。趙王聽信了謠言，啟用趙括代替廉頗。趙括急於求勝，秦國暗中任命白起為統帥，誘敵深入，將趙軍 40 萬人包圍在了長平，經過四十多天的圍困，趙軍斷水缺糧，大量士兵餓死，趙括率軍突圍被亂箭射死。趙軍主帥死亡，群龍無首，最終向秦軍投降。秦軍將趙軍俘虜全部活埋，僅剩 240 名年齡尚小的士兵放回趙國。長平之戰過後，趙國元

氣大傷，再也無力與秦國對抗。

秦國長途奔襲，時間越久，後勤壓力越大，對秦國越是不利，於是廉頗選擇固守不戰，消耗秦軍。然而，趙王對廉頗的幾次戰敗感到反感，認為廉頗固守是怯戰。秦國察覺到這一點，向趙國散佈謠言：廉頗怯戰、趙括的父親趙奢曾打敗秦軍，因此秦軍害怕趙括。趙王被謠言說服，任命趙括頂替廉頗，完全放棄了廉頗的策略，結果被秦國擊敗。

趙王被謠言說服，相信趙括可以戰勝秦軍。廉頗採用堅守不戰的策略，雖然正確，但卻無法將趙王說服，趙王認為這是怯戰。

此時，我們需要反思一個問題，人們評價理論正確與否的標準是什麼？是以客觀世界作為理論正確性的標準，還是以能否將自己說服作為理論正確性的標準？

2006 年，美國次貸危機爆發之前，全球金融市場

一片繁榮，所有人沉浸在財富暴漲的美夢之中，美國經濟學家努里埃爾‧魯比尼教授卻向人們發出警告：一場危機正在醞釀，但卻遭到了人們的忽視和嘲笑。2008年，次貸危機爆發，人們損失慘重。雖然最終的事實證明，魯比尼教授的觀點是正確的，然而正確的觀點卻無法將人們說服。相對於魯比尼的理論，人們更願意選擇相信那些宣揚股票價格上漲的理論。

人們根據自身的需求對理論進行評價，將能夠滿足自己需求的理論視為正確，無法滿足自己需求的理論則被視為錯誤。

三國時官渡之戰前夕，袁紹準備攻打曹操，但謀士田豐認為已經錯過了最佳時機，極力勸阻，卻因此得罪袁紹，被關進大牢。由於不聽取田豐的建議，袁紹兵敗，因羞於見田豐，將其殺害！

如果袁紹聽取了田豐的建議，歷史將會改寫，然而歷史不能假設，為什麼袁紹會殺害田豐？因為受到尊重是袁紹心中最大的需求，田豐屢次衝撞，讓自己

顏面無存,因此袁紹十分厭惡田豐,便將其關入大牢。當袁紹戰敗之後,又害怕田豐嘲笑自己,遂將其殺害!

2011年3月,日本發生強烈地震並引發海嘯,福島核電站發生核輻射洩漏,將會污染食鹽的理論在中國境內廣泛傳播,全國陸續出現了搶購和囤積食鹽的現象,食鹽因此而斷貨。鑑於這種局面,政府迅速澄清:除了海鹽,中國內陸還有大量的井鹽、岩鹽和湖鹽,這些鹽並不受核洩漏影響而且儲量豐富,根本不用擔心食鹽短缺的問題,食鹽搶購事件迅速平息。

福島事件造成人們心中的不安,此時的人們需要一種理論來撫慰這種不安,食鹽緊缺的理論恰好滿足了人們的需求。雖然福島事件並沒有對食鹽造成影響,但關於食鹽供應緊缺的理論卻在社會中廣泛傳播,人們紛紛搶購食鹽。只要食鹽到手,福島事件就跟自己無關,與其說人們在搶購食鹽,倒不如說人們是在尋求一種心理安慰。

當人們被說服之後,理論便在腦海中構建了人們

的世界觀，這種世界觀成為人們觀察客觀世界的視角。當人們被食鹽緊缺的理論說服之後，便認為搶購食鹽是正確的選擇，而那些無動於衷的人極其愚蠢。

　　那些能夠迎合人們需求的理論，對人們具有相當的說服力，能夠輕易的將人們說服，當人們被說服之後，對世界的理解和認識便會被禁錮在理論編織的世界之中。酸城平衡理論、龐氏騙局、水基燃料等等，這些都是根據人們需求設計的理論，當人們被說服，便相信理論是真實的，能夠在客觀世界中成為現實。然而，虛假的理論怎麼可能在客觀世界中成為現實！當人們被說服的那一刻，就已經註定了今後的命運！

　　「術士」雖然不瞭解客觀世界，但卻瞭解人們的需求，能夠利用人們的需求編織相應的理論，因此獲得了強大的說服力，將人們禁錮在虛假的世界中，搜刮人們的錢財。

第三章

自修

　　古希臘哲學家柏拉圖在著作《理想國》這樣形容：山洞中居住著一群人，從未離開過山洞，山洞頂上有一個洞口與外界相通，外界的各種事物通過洞口映射在山洞的牆壁上，形成了各種各樣的影子，山洞中的人終日只能在牆壁上觀察外面的世界，人們相信影子是真實的事物。後來，一個人逃離了洞穴，看到外面真實的事物。然而當他返回洞穴告訴其他人：那些影子其實是虛幻的事物！卻被人們認為是無知的瘋子。

　　美國作家納西姆・尼古拉斯・塔勒布在著作《黑天鵝》中講述了這樣的故事：在澳洲大陸被發現之前，人們只見過白色的天鵝，當第一批探險者登上了澳洲

大陸，驚奇地發現這片大陸上竟然存在黑色的天鵝。當探險者回到了歐洲，向人們講述澳洲大陸的黑天鵝時，卻遭到了人們的嘲笑，因為在人們的腦海中，天鵝是白色的，怎麼可能是黑色的！

雖然地球上所有的人類共同生活在同一個世界中，但人們對世界的理解和認識，卻被禁錮在不同的世界觀中，世界觀是人類觀察世界的視角！當人們被龐氏騙局說服，便會被禁錮在騙局編織的世界觀中，參與投資被認為是正確的選擇，不參與投資則會被視為錯誤。如果勸說身陷騙局的人，對方非但不會感激我們，反而還會招致對方的仇恨。

就算我們能夠掙脫束縛，逃離了山洞，然而這註定是一次孤獨的旅行，當我們發現了山洞之外的景色，但由於山洞之外的景色無法滿足人們的需求，對人們完全沒有吸引力，因此無法將人們說服。魯比尼教授發現次貸危機將要爆發，雖然這是客觀事實，但卻無法說服任何人。因為人們更願意生活在腦海理想的世

界中,卻不願意生活在真實的客觀世界中。

　　1990 年英國加入歐洲匯率機制,英國政府承諾將英鎊與德國馬克的匯率保持在 2.7780 以上。為了成功說服民眾,政客經過大力宣傳將民眾置於精心編織的世界觀中,當時英國人普遍認為:加入歐洲匯率機制是正確的。然而當時德國的通貨膨脹嚴重,需要提高利率,抑制通脹,而英國的經濟則處於經濟衰退階段,需要降低利率來刺激經濟。

　　正常情況下,英鎊的匯率會下降,但是為了維持匯率穩定,英國政府通過財政手段幹預,阻止匯率下跌,以保持英鎊與馬克的匯率穩定。英國政府擁有絕對的權威,能夠說服所有英國人,然而金融大鱷索羅斯卻站在了英國政府的對立面,糾集了大量資金與英國政府進行對賭。索羅斯的籌碼是:客觀世界按照自身的規律發展,英國政府的政策違背了客觀規律,因此無法持久。而英國政府的籌碼則是:政府擁有絕對的權威,權威便是正確。

英國政府擁有絕對的權威和強大的說服力，所有英國人都相信英國政府必勝，索羅斯以卵擊石，自不量力。然而，英國政府的權威可以說服英國人民，但卻無法說服客觀世界，客觀世界只是按照自身的規律運轉，而與人類的意志無關！

這場對賭，最終以索羅斯的勝利告終。為什麼索羅斯能夠僅憑一己之力便戰勝英國政府？其實，即便沒有索羅斯，英國政府也難以維持穩定的匯率，因為英國政府真正的敵人並不是索羅斯，而是客觀世界！

當人們對客觀世界的理解和認識被禁錮在理論編織的世界之中時，腦海中浮現的景象便與客觀世界的真實面貌發生了脫節。未來世界，是按照人們腦海中浮現的景象發展，還是按照客觀世界的規律發展？

雖然「術士」編織的理論滿足了人們的需求，在人們腦海中塑造了一個完美的世界，然而客觀世界依舊按照自身的規律發展，而與人類的意志無關。

社會中存在兩種類型的理論，一種是圍繞人們需求建立的理論，將人們說服是理論的主要目的，類似於酸鹼平衡理論、龐氏騙局、水基燃料等等，當人們被說服，便會被禁錮在理論編織的世界之中。然而這些理論描述的場景根本無法在客觀世界中成為現實，因為這些理論只是「術士」用來搜刮財富的工具，人們在不知不覺中被割了韭菜。另一種則是建立在客觀世界基礎之上的理論，這些理論能夠準確描述客觀世界，但由於無法滿足人們的需求，因此難以將人們說服。

　　無論「術士」在腦海中編織的世界多麼完美，客觀世界依然在按照自身的規律運轉，而與人類的意志無關。如果我們想要準確預測世界未來的發展方向，就需要掙脫「術士」編織的虛假世界，尋找客觀世界的真實面貌。

　　人類通過周圍的資訊瞭解世界，然而由於資訊不對稱，人們得到的資訊往往是扭曲的，或者是虛假的，這些資訊無法切實反映客觀世界的真實面貌，人們被

這些資訊禁錮在了虛假的世界中。然而，這些資訊所改變的只是人們腦海中的世界，客觀世界沒有發生任何變化，依然在按照自身的規律運行。因此，雖然現世之中，我們無法觀察到客觀世界的真實面貌，但是在歷史面前，客觀世界的真實面貌卻浮現在我們的面前。

古語有雲：「溫故而知新」，通過研究歷史，發現客觀世界運行發展的規律，然後利用這種規律預測未來。但是現代絕大多數人是通過周圍的資訊來瞭解世界，而不是通過歷史！那麼，「溫故而知新」存在怎樣的優勢？

只要能夠將人們說服，人們就會相信理論的真實性，因此以說服為目的的理論，在設計時就會存在極大的隨意性，五花八門、天花亂墜的理論，層出不窮。

韓國女子朴順子創辦了崇尚「時間末日論」的宗教「五大洋」，並在 1984 年成立了五大洋公司，大量召集信眾為其免費工作，唆使教徒為其借高利貸，到

1987 年，朴順子的教徒一共為她借貸 170 億韓元。當教徒的借貸越來越多，無法償還的時候，朴順子則忽悠她的信徒們一起吊死在自家公司食堂的頂棚裡，由於自殺人數多，重量大，天花板塌陷，五大洋自殺事件隨即曝光，韓國警方共發現包括朴順子在內的 32 具屍體。

2021 年 12 月，安信證券首席投顧陳南鵬發佈《仁者無敵，2022 中國股市預測》研報，用五行八卦結合天幹地支及金木水火土的風水理論預測股市走向。

以說服為目的的理論，「信則有，不信則無」，人們一旦被說服，就會被禁錮在理論編織的世界之中，根本看不到客觀世界的真實面貌。

無論理論在人們腦海中編織了怎樣的景象，客觀世界依然在按照自身的規律運行，而與人類的意志無關。無論是在過去、現在、還是將來，客觀世界都在按照自身的規律運行，只不過身處現世的人們被各種各樣的理論迷了雙眼，陷入了虛假的世界中！

第四章

道

17 世界荷蘭暴發了鬱金香金融泡沫。1635 年,一株鬱金香球莖賣出了 1615 弗羅林,相當於當時 12 頭公牛的價格,第二年,一株鬱金香更是賣到了 4600 弗羅林,相當於一座別墅的價格。當時一個外地水手來到荷蘭,饑腸轆轆時看到一個洋蔥,吃了下去,水手不知道的是:這顆洋蔥其實是鬱金香球莖,當時的價格相當於普通人十年的工資!水手被押到法庭被判有罪,得知結果的水手憤怒的大喊:荷蘭人的腦袋是不是有問題,花這麼多錢買一個洋蔥。

荷蘭人被鬱金香的價值理論說服,因此認可鬱金香高昂的價格,而水手沒有被鬱金香的價值理論說服,

因此不認可鬱金香的價格！那麼，鬱金香究竟價值幾何？

　　鬱金香被引入到荷蘭之後，其獨特的氣質受到了貴族的青睞，貴婦們特別喜歡在公共場合佩戴鬱金香，因為羨慕和嫉妒，人們開始爭相模仿。鬱金香的需求增加，價格開始上漲。在這種時代背景之下，社會中開始流傳關於鬱金香的投資理論：鬱金香的價格會不斷上漲，內在價值遠高於現在的價格等等。這些理論滿足了人們的投機需求，因此在社會中廣泛傳播，人們被說服，紛紛參與到鬱金香的投機活動中，大量資金的加入，導致鬱金香的價格水漲船高。價格的上漲，增強了理論的說服力，說服更多的人參與到投機活動中，進一步推動了價格的上漲。這個過程就像原子彈中的鏈式反應，反應的速度不斷加快，鬱金香的價格加速上漲。然而，在某個特定時刻，鬱金香的價格上漲戛然而止，所有的投資理論失效，價格變得難以維持並開始下跌，然而人們依然沉浸在理論編織的世界之中，不斷加注。瘋狂過後，鬱金香的價格回歸常態，

投機客血本無歸。

　　所有的金融危機幾乎存在相同的特點，在一個特定的時刻，所有的投資理論失效，價格開始不受控制的下跌，然而人們依然沉浸在理論編織的世界之中，不斷加注，最終損失慘重，為什麼會出現這樣的局面？

　　原因其實很簡單，鬱金香價格的不斷上漲，是因為理論在社會中不斷傳播，說服越來越多的人參與投機，當理論無法說服更多的人參與投機時，鬱金香價格的上漲便會戛然而止。在特定的歷史背景下，特定的理論在社會中廣泛傳播，點燃了人們的熱情，紛紛加入狂歡，火焰越燒越旺！然而，隨著火勢的蔓延，燃料消耗殆盡，熱情開始冷卻，剩下一片死灰。

　　宋代詩人蘇軾在遊覽廬山的時候寫下一首詩：「橫看成嶺側成峰，遠近高低各不同。不識廬山真面目，只緣身在此山中。」當人們被說服，便會禁錮在理論編織的世界之中，認為鬱金香的價格會不斷上漲，然而理論失效之後，人們依然沉浸在理論編織的世界中，

因此損失慘重。此時的人們就像身處廬山之中，根本看不到廬山的真實面貌。

現代理論無法對金融危機做出合理的解釋，難以預測金融危機爆發的時間，當危機到來時，人們無法避免的遭受巨額損失。為什麼金融危機無法避免？

次貸危機爆發前，魯比尼教授已經向人們發出了警告，但卻遭到了人們的忽視！人們在篩選資訊時，將那些能夠滿足自己需求的資訊視為正確，而那些無法滿足自己需求的資訊則視為錯誤，雖然魯比尼教授的資訊是正確的，但因為無法滿足人們的需求，因此被人們視為錯誤，遭到了人們的忽視！

產生金融危機的根本原因，在於人類自身的認知特點！在特定的時代背景之下，特定的理論滿足了人們的需求，在社會中廣泛傳播，理論就像是火焰，在社會中不斷蔓延，當「可燃物」燃盡之後，火焰因為沒有足夠的燃料而熄滅。但是在火焰熄滅的過程中，人們依然將那些能夠滿足自己需求的資訊視為正確，

無法滿足自己需求的資訊視為錯誤。因此，在人們的腦海中，一直認為價格將會上漲，但是在客觀世界中，價格卻在一直下跌！

雖然每一次金融危機爆發的原因彼此不同，但危機的本質相同：都是特定的理論在社會中廣泛傳播，導致人們腦海對客觀世界的印象脫離了客觀世界然後又回歸的過程。金融危機是人類社會發展的固有規律，中國哲學將這種規律稱為「道」。

金融危機發生時的特定歷史背景稱為「勢」，在特定的歷史背景下推出特定的理論為「順勢而為」，當理論無法說服更多的人時為「形勢變化」。當形勢發生變化時，曾經正確的理論成為了錯誤，因為人們無法察覺這一重要節點，當價格開始下跌時，依然瘋狂加注，最終導致血本無歸。

在西方的理論中，並不存在「勢」這一概念，「勢」是東方哲學的產物，來源於人類的認知特點，人們在篩選理論時，將能夠滿足自己需求的理論視為正確，

人們的需求便是「勢」。

咸豐三年 (1853)，太平天國建都南京，洪秀全頒佈了《天朝田畝制度》，提出「凡天下田，豐荒相通，此處荒則移彼豐處，以賑此荒處，彼處荒則移此豐處，以賑彼荒處。務使天下共用天父上主皇上帝大福，有田同耕，有飯同食，有衣同穿，有錢同使，無處不均勻，無人不飽暖也。」當時正值清朝末年，土地兼併嚴重、社會動盪不安、農民饑不果腹，《天朝田畝制度》的頒佈，滿足了農民的需求，得到了農民的大力支持。

中國有句古話：「時勢造英雄」，在特定的歷史背景之下，人們會產生相應的理論需求，總會有人能夠成功把握這種需求，設計合適的理論，理論在社會中廣泛傳播，人們一旦被說服，就被禁錮在理論編織的世界之中。

元朝末年，強征 15 萬民工修築黃河大堤，官員腐敗，貪污剋扣賑災銀兩，民工苦不堪言。韓山童見狀，命人刻一獨眼石人，背上刻著「莫道石人一隻眼，此物

一出天下反。」藏於石灘之中,並且暗中命人散佈「石人一隻眼,挑動黃河天下反」的民謠。民工挖出石人,聯想到歌謠傳唱的內容,人心浮動,韓山童借機造反,取得了預期的效果。

雖然人們生活在客觀世界之中,但邏輯思維卻在腦海中進行,當客觀世界無法滿足人們的理論需求時,人們就會拋棄舊的理論,尋找新的合適的理論,理論在腦海中為人們塑造了一個完美的世界,人們沉浸在這個世界之中,向著未來不斷努力。

「術士」能夠成功把握人們的需求,設計合適的理論,並將人們禁錮其中。雖然在人們的眼中,術士是救星,然而術士的目的並不單純,他們只是察覺到人們的需求,設計出合適的理論,然後其目的並不是救民於水火,而是為了獲取更多的財富和利益。

這種類型的理論在社會中非常常見,商店都會打出「顧客就是上帝」的口號,然而這種口號的本質只是為了適應人們的需求,能夠說服更多的人進店消費,

獲得更多的利益。

絕大多數人位於社會認知的最底層，生活在術士編織的虛假世界中，人們通過辛苦勞動得來的財富，在不知不覺中被搜刮，難以改變自己的命運。想要逆天改命，需要突破術士編織的虛假世界。

術士編織的世界觀，改變的只是人們腦海對客觀世界的印象，客觀世界並沒有發生變化，依然在按照自身的規律運行。因此，術士編織的世界觀與客觀世界出現了脫節。

在金融危機初期，術士根據人們的需求設計出合適的理論，在社會中廣泛傳播，推動了商品價格的上漲，所有的一切都是順勢而為。但是由於理論編織的世界觀與客觀世界並不相同，所以，在某個特殊時刻，理論編織的世界觀與客觀世界出現了脫節。

當理論將所有能夠說服的人都說服之後，便再也沒有更多的人和資金參與到交易之中，產品的價格變得難以維持，開始下跌。此時，理論編織的世界觀與

客觀世界就會脫節,我們將這個時間點稱為「形勢變化」,此時所有的理論都會失效。

術士善於把握人們的需求,並根據人們的需求設計合適的理論。但卻無法察覺客觀世界的變化規律,因此當形勢發生變化時,術士依然沉浸在自己編織的世界觀中,難逃金融危機。因此自古以來,「術」永遠不是「道」的對手!

我們可以把歷史濃縮總結成為一個片段,在特定的歷史背景下,術士根據人們需求設計相應的理論,理論在社會中廣泛傳播,塑造了人們腦海對客觀世界的印象,將人們禁錮在特定的世界觀中。然後,由於術士設計的世界觀與客觀世界不同,因此在某一特殊時刻,理論在人們腦海中塑造的印象就會與客觀世界脫節,形勢開始失控,朝著人們不希望的方向發展,然而人們對此卻無能為力,於是最終,人們腦海中的世界觀崩塌。

這個歷史片段所記載的,其實是世界觀的興起與

衰落的過程，雖然不同的世界觀在人們腦海中塑造的景象不同，但它們卻有著相同的本質，因為順應形勢而興起，因為與客觀世界脫節而衰落，未來社會的發展，同樣會興起無數的世界觀，而這些世界觀同樣無法避免衰落的命運。

為什麼社會會以這樣的方式發展？

人們在篩選理論時，將能夠滿足自己需求的理論視為正確，這樣的理論受到了人們的追捧，而那些無法滿足自己需求的理論則遭到人們的無視。中國傳統哲學強調謙虛、謹慎、低調，但是這樣的陳詞濫調顯然對人們沒有吸引力，而很多廣告卻是在宣揚個性、張揚等等，這樣的廣告非常契合年輕人的需求，因此受到年輕人的歡迎。但是，張揚的個性很容易遭受挫折，於是在經過磨礪之後，曾經的年輕人不再張揚，開始變得低調。

那些能夠切實反映客觀世界運行規律的理論，因為其無法滿足人們的需求，而遭到了人們的忽視。那

些滿足人們需求的理論,雖然在人們腦海中塑造了一個完美的世界,然而客觀世界依然按照自身的規律運轉,人們腦海中呈現的景象與客觀世界完全脫節。

因此,每一種世界觀在社會中發展的時候,都會經歷「順勢而為」和「形勢變化」兩個階段。「術」能夠把握「順勢而為」,但卻把握不住「形勢變化」,「道」可以觀察到「形勢變化」,但卻難以做到「順勢而為」,若將「道」與「術」結合,則可在社會中立於不敗之地。

戰國時期的馬陵之戰,齊軍將領孫臏使用迫兵減竈誘敵深入,孫臏命令自己的部隊與魏國將領龐涓的部隊一接觸便迅速後退,第一天建造 10 萬人的鍋灶,第二天建造 5 萬人的鍋灶、第三天建造 3 萬人的鍋灶,這些資訊被龐涓觀察到,認為孫臏的軍隊正在不斷潰散,於是傳令留下步兵和輜重,集中騎兵追擊,而孫臏則在一個叫做馬陵道的地方設下埋伏,一舉將龐涓擊敗。

兩軍交戰，雙方都在尋找能夠克敵制勝的理論，孫臏利用對方的這種需求，製造了特定的場景，傳遞特定的資訊，等待龐涓落入陷阱。龐涓急於求勝，看到孫臏佈設的場景，認為孫臏的部隊正在潰敗，因此留下步兵和輜重，集中騎兵追擊，完全落入孫臏編織的虛假世界中，然而，自己腦海中呈現的景象與客觀世界的真實景象完全脫節。

　　三國時期，諸葛亮迫於無奈擺下空城計，司馬懿兵臨城下，沒有選擇進，而選擇了退。雖然司馬懿也急於求勝，但是，他擔心自己的下場如同龐涓一樣，落入諸葛亮編織的虛假世界中，因此止步不前。

　　人們信奉眼見為實，但眼見真的為實嗎？能夠反敗為勝，改變自己命運的人，第一步要做的就是掙脫「術士」佈設的虛假世界觀，司馬懿面對空城止步不前，證明司馬懿非常瞭解諸葛亮，諸葛亮是高明的「術士」，懂得利用人們的需求編織理論，將人們禁錮在虛假的世界中。面對誘惑，司馬懿選擇止步不前，導致諸葛亮的計策始終無法得逞，成為了諸葛亮無可奈何的人！

第五章

修行

如何才能改變我們的命運？絕大多數人認為：改變命運就需要不斷努力的學習，不斷提高自己的學歷，考研、考取公務員、出國深造等等。當然也有些人信奉成功學，廣交人脈、提升自己的朋友圈品質等等。但是在中國哲學中，對改變命運卻有著不同的理解。

我們所生活的社會存在大量的理論，人們在篩選這些理論時，將需求作為理論正確與否的標準，能夠滿足自己需求的理論被視為正確，無法滿足自己需求的理論則被視為錯誤。社會中存在大量的「術士」，他們能夠敏銳察覺人們的需求，並設計相應的理論，當人們被說服之後，便會被禁錮在「術士」編織的虛

假世界中。

　　由於人們的認知特點相同,面對術士編織的虛假世界,無論學歷、職業等等,都會因為難以抵擋誘惑而被禁錮其中,成為財富搜刮的對象,人們在不知不覺中被割了韭菜,根本無法改變自己的命運。

　　在金融危機爆發的初期階段,各種金融產品的價格開始上漲,但是金融產品價格上漲的真正原因是什麼?首先是特殊的時代背景,貨幣寬鬆、資金充裕、百廢待興等等,然後就是術士編織的理論,因為這些理論能夠滿足需求,被人們迅速接受,構建了人們腦海中的世界觀。在理論的指引下,人們毫無顧忌的沖入金融市場。

　　但是,理論描述的世界觀與客觀世界的真實面貌相同嗎?

　　至少在金融危機爆發的前半個週期,理論描述的世界觀與客觀世界的真實情況完全相符,越來越多的

人被說服,參與到金融市場之中,金融產品的價格不斷上漲。但是到了某個特殊的時間段,理論描述的世界觀就會與客觀世界脫節,人們以為金融市場會不斷上漲,但實際的情況是金融市場開始不斷下跌,人們因此損失慘重。

自始至終,人們都被禁錮在理論編織的世界之中,根本看不到客觀世界的真實面貌。究其原因,還是在於人們篩選理論的習慣,將滿足自己需求的理論視為正確!為了避免被禁錮在虛假的世界觀中,我們需要改變自己篩選理論的習慣,不能將是否滿足自己需求,做為理論正確與否的條件!

林則徐在任兩廣總督時,總督府衙題書:「海納百川,有容乃大;壁立千仞,無欲則剛。」在佛家及道家的理論中,經常提及克制七情六欲,為什麼要這麼做,原因就在這裡,當我們有需求的,就會尋找能夠滿足我們需求的理論,這種需求就會被江湖術士利用,編織相應的理論,將我們置於虛假的世界中。古

代皇帝一直在追尋長生不老之藥，經常服用名貴藥材，但卻很少有長壽的。

只要我們不去投資和理財，就不會受到資本的收割，幾乎所有的理論都在宣傳股票將會上漲，但是絕大多數人在金融市場中是虧損的。然而，能夠反映客觀現實的理論卻無法將人們說服，因為人們更喜歡那些滿足自己需求的理論！

修行的目的是為了幫助自己看清客觀世界的真實面貌，但是不要指望人們喜歡客觀世界，雖然人們在客觀世界中處處碰壁，但卻仍然喜歡生活在術士編織的虛假世界之中，心甘情願的被他們收割。

世界之中的絕大多數理論是按照人們的需求設計的，這些理論能夠滿足人們的需求，但卻無法切實反映客觀世界的真實面貌，因此便出現了理論描述的場景與客觀世界脫節的情況，真正能夠切實反映客觀世界的理論，由於無法滿足人們的需求，因此常被人們冷落。雖然這些理論無法滿足人們的需求，但卻能夠

準確預測客觀世界未來的發展方向。

任世界千變萬化,但萬變不離其宗。理論改變的只是人們腦海對客觀世界的印象,客觀世界依舊按照自身的規律運行,而與人類的意志無關。雖然人們腦海中的世界繽紛多樣,但歷史永遠是唯一的,歷史所反映的便是客觀世界的真實面貌。

中國的哲學修行,首先就是需要克制自己欲望,防止自己被術士編織的虛假世界所迷惑,然後才能夠分析術士編織的虛假世界觀,預測這種世界觀可能造成的影響,以及什麼時間會發生形勢變化,最後利用形勢坐收漁翁之利。

考場檢驗人們知識的掌握水準,而客觀世界檢驗的,則是人們的修行成果,修行成果越高,越不容易被術士編織的虛假世界迷惑!

第六章

創業與守業

西元前 210 年，秦始皇病死，秦二世登基，趙高為宰相，有一天上朝時，牽著一隻梅花鹿對二世說：陛下，這是我獻的千里馬。二世聽了說：這明明是一隻鹿，你卻說是馬！趙高說：這確實是一匹馬！二世覺得納悶，讓群臣百官來評判。大家都害怕趙高的勢力，知道不說不行，就說是馬，而那些耿直的大臣，直言這是鹿，暗地裡被趙高殺害！

雖然在客觀世界中，趙高手中牽的就是一隻鹿，但是在趙高的權威之下，這就是一匹馬！在理想的情況下，人人平等，但在客觀世界中，人們的等級和權威不同，此時秦國人民的認知，被束縛在了趙高編織

的世界觀中！如果想要否定趙高的世界觀，並不是不可以，但需要逃到其他國家。

每一個團體的最高領導人，擁有最高權威，主宰了團體的世界觀，這種世界觀就像是一種篩選機制，能夠適應這種世界觀的人會得到晉升，而無法適應這種世界觀的人，只能選擇離開。我們可以將這種世界觀稱為「企業文化」。人們的思想被無形的世界觀束縛，在不同的世界觀內，正確與錯誤的標準是不同的！

我們的世界由無數的世界觀組成，而且每天都有新的世界觀產生，舊的世界觀也在不斷崩塌，人們被禁錮在不同的世界觀中。有些世界觀在不斷發展，影響力越來越大，而有些世界觀則在不斷萎縮。

中國有句成語：「成也蕭何敗蕭何」：韓信投奔劉邦，沒有得到重用，於是逃走，劉邦的謀士蕭何非常賞識韓信的才華，不顧一切的追趕挽留，並舉薦韓信為漢王。韓信南征北戰，屢建奇功，幫助劉邦統一了天下。劉邦成為皇帝之後，韓信密謀造反，蕭何設

計將韓信處死。

　　這則故事存在兩種世界觀，第一種世界觀建立在客觀世界的基礎之上，蕭何見韓信充滿才華，不顧韓信的地位卑微，向劉邦舉薦。第二種世界觀則是建立在利益的基礎之上，韓信的背叛會影響到自己的利益，因此將韓信殺害。

　　在王朝的創業階段，所採用的是以客觀世界為基礎的世界觀，籠絡全國的人才為自己所用，此時王朝的影響力在不斷擴大。當王朝創業成功之後，良弓藏、走狗烹，便開始採用以利益為基礎的世界觀，王朝的影響力由此開始衰弱。中國傳統哲學採用的是以客觀世界為基礎的世界觀，因此是一種創業文化。

　　2009 年，諾基亞公司手機發貨量約 4.318 億部。2010 年第二季度，諾基亞在移動終端市場的份額約為 35.0%，獨佔鰲頭。但此時，蘋果和安卓的作業系統相繼出現，諾基亞選擇堅守自己的塞班系統。僅僅數年，諾基亞的銷量迅速衰退，幾乎在市場上消失。

諾基亞在手機市場無人能敵，導致決策層產生了一種錯覺，認為自己可以主宰手機市場，因此毫不在意蘋果和安卓的崛起。決策層主宰了諾基亞內部員工的世界觀，如果員工不認同這種觀點，離職是唯一的選擇！因此，諾基亞內部所有人都認為這是正確的決定，但是，世界觀改變的只是人們腦海中的世界，客觀世界依然在按照自己的規律運轉，僅僅數年，諾基亞就在市場上消失！

現在中國的教育已經很難尋覓到中國的傳統哲學，取而代之的是西方價值觀，典型的代表便是西方經濟學，將獲取利潤的最大化定義為企業經營的目標。這樣的理論滿足了人們的需求，因此非常具有說服力。

諾基亞的衰敗其實有跡可循，從其產品和經營策略不難看出，當時諾基亞的決策層已經將企業發展重心轉移到了實現利潤的最大化，當時的諾基亞市場份額已經獨佔鰲頭，對於諾基亞的股東而言，實現利潤的最大化相比增加市場份額而言，更具有說服力。

諾基亞的興衰，與中國王朝的發展其實非常相似，創業階段採用以客觀世界為基礎的世界觀，重視用戶需求，贏得用戶的青睞，創業成功後採用以利益為基礎的世界觀，追求利潤的最大化，用戶紛紛離去，影響力和市場份額越來越小。

　　為什麼採用以利益為基礎的世界觀，會導致企業的市場和影響力越來越小？

　　三株集團始建於 1992 年，從 1994 年到 1996 年，三株的銷售額從 1 個多億漲到了 80 億元，在全國省會和絕大部分地級市註冊了 600 多個子公司，鄉鎮辦事處達 2000 多個，13500 個工作站，吸納了 15 萬銷售人員，成為了中國商業史上的奇跡。

　　三株的成功非常契合經濟學之中的價值觀，實現了利潤的最大化。首先，三株設計的理論成功抓住了人們的需求，並將理論傳播到每一個角落，人們很快被三株的理論說服，相信三株描繪的場景能夠在客觀世界中成為現實，然而，這都是「術士」在人們腦海

中編織的虛假世界觀,根本不可能在客觀世界中成為現實。三株口服液做到了順勢而為,這是其成功的基礎。但是,同金融危機一樣,同樣會存在「形勢變化」,而且這件事很快就發生了。

1996年,湖南常德漢壽縣的一名老船工,服用三株口服液之後,全身紅腫瘙癢,最終不幸身亡,醫院診斷為「三株藥物高蛋白過敏症」。這件事經媒體報導,引發了全國的轟動!當人們發現理論描述的畫面根本無法在客觀世界中成為現實時,理論的說服力迅速下降。三株口服液因此大量產品積壓,經營陷入癱瘓。

三株口服液、酸城平衡理論、金融危機等等,雖然表面看來牛馬風不相及,但從人類的認知角度來看,他們是相同的,特定歷史背景下,特殊的理論,由於滿足了人們的需求,而在社會中廣泛傳播,塑造了人們腦海中的世界觀,這個階段「順勢而為」。但是,理論塑造的世界觀與客觀世界並不相同,因此人們腦海中的景象與客觀世界脫節,這個問題會在某個特殊

時間出現，這個時間段「形勢發生了變化」，最終，理論在人們腦海中塑造的世界觀崩塌，人們重新回到了客觀世界之中。

脫離了客觀世界的理論，能夠在特殊時代背景下快速傳播，輕鬆實現利潤的最大化，但由於其塑造的世界觀與客觀世界脫節，始終難逃崩塌的命運。為了維護自身的利益，術士全力將人們的認知封閉在世界觀內，阻止人們去發現客觀世界，因為人們一旦發現了客觀世界，理論塑造的世界觀就會崩塌。

1600 年，因為宣揚《日心說》，義大利哲學家布魯諾被宗教裁判所判為「異端」，燒死在了羅馬鮮花廣場。地球在誕生的那一刻就已經在圍繞著太陽運轉，然而宗教裁判所的權威遠大於布魯諾，雖然布魯諾只是在陳述事實，但事實在權威面前卻是錯誤的！

龐氏騙局、酸域平衡理論、三株、漢芯、水基燃料等等，這些術士編織的虛假的世界觀，期望永遠把人們禁錮在虛假的世界觀內，並不希望人們發現客觀

世界的真實面貌，因為客觀世界的真實面貌一旦浮現，他們編織的虛假世界觀將會崩塌。

萬有引力、電磁感應定律、慣性定律等等，這些理論已經誕生了數百年之久，向人們展示客觀世界的真實面貌，就算人們否定了他們，理論描述的場景仍會在客觀世界中重現，因此這些理論延續了數百年之久。與之相反的是：龐氏騙局、酸鹼平衡理論、三株、漢芯、水基燃料等等這些理論，將人們禁錮在虛假的世界觀中，阻止人們發現客觀世界的真實面貌。然而人力根本無法阻止形勢的發展，理論塑造的世界觀最終崩塌，喪失了所有說服力，再也無法說服任何人。

這種場景被中國哲學總結為：「得道者多助，失道者寡助」。西方的哲學家也發現了這種現象，但東西方的表達方式並不相同，能夠切實反映客觀世界的理論，不會懼怕人們的質疑和否定，因為客觀世界中的實踐結果會證明理論的正確性。但是，那些依靠資訊不對稱維持正確性的理論，會竭力阻止人們發現客

觀世界的真實面貌，而不允許人們進行質疑。西方哲學家波普爾發現了這種現象，提出了「可證偽」的概念。

波普爾的理論在科學領域具有非常重要的意義，對於那些人類認知前沿的科學理論，應該如何鑑別真偽，以防止被禁錮在「術士」編織的虛假世界中。我們需要對理論的「可證偽性」進行證明，將理論交由其他科研團隊，在客觀世界中進行理論的重現。如果理論無法重現，那麼證明理論仍然存在缺陷，無法切實反映客觀世界的真實面貌，還需要繼續探索和完善。如果理論能夠重現，則證明理論能夠切實反映客觀世界的真實面貌，可以被稱為科學理論。對術士而言，將理論交由其他團隊進行驗證和重現，是完全不可能的，因為理論塑造的虛假世界觀是他們的飯碗，根本不可能在客觀世界中成為現實，他們怎麼可能將自己的飯碗交給別人去打碎！

「可證偽性」是科學理論的守門員，在商業領域，

很多理論自詡為科學，然而這些理論僅僅只是將人們說服，當人們被說服之後，便相信理論是真實的，「信則有，不信則無」是這些理論的特點，但由於是商業行為，無可厚非。但如果進行科學研究，就需要對理論進行嚴格審查，如果術士進入了科研領域，不僅擠佔了科學研究所需要的資源，而且還會影響正常科研活動的進行。

社會中廣泛傳播的科學理論，並不是真正的科學，其本質只是一種商業行為，將人們禁錮在特定的世界觀中，改變人們腦海對商品的印象，從而使商品的價格翻倍，當人們被說服之後，願意為商品的價格買單，這個過程並不存在強制買賣，因此無可厚非。但是，中國有句古話：欲壑難平。當人們產生需求，社會中就會產生相應的理論來滿足的人們的需求，然而這些理論所構建的世界觀只存在於人們的腦海中，至於能否在客觀世界中成為現實，還是未知。酸城平衡理論、龐氏騙局、水基燃料等等，都是這些理論的代表！

皇帝為了實現長生不老，花費了大量的金錢，但是直到現在，長生不老仍無法實現。我們生活在理論編織的世界之中，但是究竟有多少理論，能夠幫我們將腦海中想像的畫面變為現實？學生在校園中學習了大量的知識，懷揣著夢想步入社會，卻發現沒有用武之地，沒有人知道問題出在哪裡。

第七章

入世與出世

在應試教育的環境之下,人們習慣了將世界劃分為對與錯兩個部分,象牙塔存在唯一的權威,定義了對與錯的標準,不存在任何分歧。然而當人們走出象牙塔,步入社會之後,權威開始變得多元化,同一個問題,在不同的權威之下,存在不同的「正確答案」,環境的變化,導致初入社會的人出現世界觀混亂。

類似於工商管理、經濟學、金融學、市場行銷等等這類學科,理論的正確性完全建立在權威之上,而學校走出來的學生沒有任何權威,因此他們的理論無法說服任何人。除非能夠在學校中取得較高的學歷,或者家族足夠顯赫,只有在具備了足夠的權威之後,

理論才會具有說服力！

　　學校是教授知識的地方，但並沒有教授學生如何去使用這些知識。學習知識就像是採購原材料，我們還需要將這些知識進行處理和整合，形成自己的世界觀，然後去處理客觀世界中存在的各種問題。在學校出來的學生，雖然學習了大量的知識，但並沒有對這些知識進行處理和整合，因此，初入社會出現了世界觀混亂，導致學習的知識派不上用場。

　　雖然很多人認為哲學沒有用，但哲學的作用非常重要，它可以處理和整合自己學到的知識，構建自己的世界觀，幫助人們處理客觀世界中存在的各種問題，人們認為哲學沒有用，並不是因為哲學沒有用，而是因為人們還不知道應該如何處理自己學到的知識。

　　我們可以把社會分為兩大類，第一類是創造理論的人，他們構建的理論在人們腦海中塑造了世界觀，第二類是使用理論的人，生活在第一類人構建的世界觀內。曾有位文物鑑定大師，在鑑定文物時發現了一

件珍品，專家聲稱這是贗品，然後以較低的價格收購，文物到手之後又以非常高的價格賣出，賺取了巨大的差價。

人們以為上層社會指的是財富，其實不然，上層社會指的是塑造人們世界觀的階層，處在這個階層的人更容易致富，世界觀是他們獲取財富的工具。在象牙塔中寒窗苦讀，最具價值的並不是知識，而是權威，一旦躋身象牙塔的頂端，便進入了塑造人們世界觀的階層，通過塑造世界觀實現迅速富裕。

但是，能夠實現階級躍升的只是極少數人，絕大多數人只是生活在社會的底層，成為理論的使用者，生活在上層社會編織的世界觀之中。作為理論的使用者，我們可以將理論分為兩大類，第一類理論建立在權威的基礎之上，第二類理論則建立在客觀世界的基礎之上。

以權威為基礎的文化，最常見的就是老闆畫的大餅，然而老闆描述的場景能夠成為現實嗎？對於老闆

描述的未來：信則有，不信則無！這種類型的文化充斥著社會的每一個角落，是上層社會的主要收入來源，我們生活在被這種文化編織的世界之中。

　　由於資訊不對稱，生活在社會底層的人想要逆天改命，真的很難，但也不是不可以，雖然老闆在人們腦海中塑造的世界觀十分完美，但卻難以在客觀世界中成為現實，因為客觀世界只會按照自身的規律運轉，而與人類的意志無關！

　　建立在權威基礎之上的文化，為了自身利益，期望永遠將人們禁錮在理論編織的虛假世界中，並不期望人們發現客觀世界的真實面貌。因此，絕大多數人很難接觸到以客觀世界為基礎的文化，而且，以客觀世界為基礎的文化由於無法滿足人們的需求，因此被人們冷落，就像家長給孩子們講述的大道理，其本質就是以客觀世界為基礎的文化，但對於孩子而言，這種大道理更像是一種束縛，無法滿足自己的需求。

　　以權威為基礎的文化是飯碗，當我們需要通過勞

動來換取生活所需時,必須接受和遵守這種文化,權威便代表著正確,如果無法適應這種文化,只能選擇離職,但是這樣做只會使我們喪失生活來源,人在屋簷下不得不低頭。

然而,以權威為基礎的文化和以客觀世界為基礎的文化,兩者並不衝突。人們熱衷於爭論,在爭論中獲得勝利的人便獲得了權威,擁有了塑造人們腦海中世界的權利,然而,無論獲得勝利的是誰,客觀世界依然在按照自身的規律運轉,而與人類的意志無關。

想要在企業中獲得晉升,就需要迎合以權威為基礎的文化,這種文化就像是一種篩選機制,能夠適應這種文化的人,能夠在企業中獲得晉升,而無法適應這種文化的人,則存在被淘汰的風險。不同的企業,存在不同的權威,因此這種文化也會彼此不同,正所謂:一朝天子一朝臣。

當然,不適應這種文化的人也無需擔心,因為以權威為基礎的文化,正確性只存在於權威的勢力範圍

之內，超出了勢力範圍，權威便會失效。領導只可以命令自己的員工，但卻無法命令消費者。當企業面對外部市場、技術、消費者等權威勢力之外的環境時，便需要以客觀世界為基礎的文化。

中國的封建王朝將官員分為文官和武官，文官所代表的文化是以權威為基礎的文化，權威定義了正確性，《厚黑學》所研究的便是這種文化，我們將其稱之為入世文化。武官所代表的是以客觀世界為基礎的文化，古代的兵書便是這種文化的代表，中國的傳統哲學「道」也是建立在以客觀世界為基礎的文化之上，我們將其稱之為出世文化。

爭論對於我們而言真的那麼重要嗎？對於入世文化而言，爭論非常重要，因為只有爭論才能夠確立權威，定義正確的標準。但對於出世文化而言，爭論就顯得完全多餘，因為無論誰取得了爭論的勝利，客觀世界依然按照自身的規律運轉，而與人類的意志無關。

入世文化需要向外發表觀點，依靠爭論來確立自

己的權威，是一種外向型文化，而出世文化則是通過反思，在腦海中構建自己對客觀世界的印象，不需要對外發表觀點，是一種內向型文化。

隋末唐初，隋煬帝暴政，全國各地爆發農民起義，翟讓領導的瓦崗軍便是其中一支，當貴族出身的李密加入之後，瓦崗軍迅速壯大，具備了逐鹿中原的實力。翟讓認為自己才能有限，而且沒有大的志向，因此將首領的位置讓給了李密。然而李密心胸狹窄，設計將翟讓殺害，瓦崗軍內部開始離心，最終以失敗告終。

李密是瓦崗軍的首領，擁有絕對的權威，殺害翟讓，疏遠能臣良將，喜歡貪財的邴元真等等，這是入世文化，沒有人提出異議。但是李密的權威和說服力迅速下降，瓦崗軍軍心動搖，信仰迷失，內部出現叛徒和內應，最終被瓦解，這是出世文化。

回顧歷史時，每個人都知道李密殺害翟讓的行為會導致瓦崗軍離心，但為什麼李密自己不知道呢？在歷史面前，每個人都能夠做到絕對的理智和客觀，然

而來到現世,人們卻很難做到,為什麼諸葛亮只能存在於事後?

在歷史面前,我們能夠保持絕對的理智,是因為沒有需求,只有在無欲無求的時候,人們才能夠保持絕對的客觀與理智!當我們回到現世,就會存在諸多需求,人們在篩選理論的時候,更傾向於選擇能夠滿足自己需求的理論。李密殺翟讓,考慮的是自己的需求,而我們作為歷史的旁觀者,考慮的則是客觀世界的運行規律。

老闆喜歡給我們畫大餅,是因為知道我們的需求,根據我們的需求編織相應的理論,將我們禁錮在特定的世界觀中,讓我們任勞任怨,從而獲取更大的利益。如果我們無欲無求,老闆就算畫的餅再大,對我們也完全沒有用。欲望只會迷茫人們的雙眼,使人們迷失在客觀世界之中。

但是在現世之中,又有幾人能夠抵擋欲望的誘惑,社會中的絕大多數理論都是根據人們的需求設計的,

我們被這些理論說服，被禁錮在虛假的世界之中，根本看不到客觀世界的真實面貌。原來社會才是最大的老闆，給我們所有人畫了一張大餅。

有些人生而富貴，有些人生而貧窮，然而這些都是我們無法選擇的。由於無法得到想要的東西，身處貧窮之中的人們，心中充滿了痛苦。我們應該如何面對這種痛苦呢？痛苦的本質，是得不到自己想要的東西，如果我們沒有想要的東西，那就不會痛苦，所以在面對痛苦時，有一部分人通過克制自己的欲望，來化解內心的痛苦。但是更多的人，始終無法擺脫這種痛苦，即使腰纏萬貫，由於欲望無法得到滿足，心中依然充滿了痛苦。

人們在篩選理論的時候，只會選擇滿足自己需求的理論，對於那些能夠切實反映客觀世界的理論，由於無法滿足人們的需求而遭到了人們的忽視。欲望，導致人們腦海中的世界與客觀世界脫節！人類歷史中經歷了無數次的金融危機，荷蘭的鬱金香泡沫、法國

的密西西比泡沫、美國的次貸危機，以及中國的黃龍玉、普洱茶等等，人們在總結教訓的時候，認為人類是非理性的、具有從眾心理、貪婪等等。雖然人們總結的非常到位，但當下一次危機到來時，人們依然會陷入同樣的窘境，為什麼人們無法避免金融危機？

人們在總結危機的時候，擁有一幅上帝視角，完全站在局外，能夠客觀的看待事件本身，然而當人們親歷事件本身，面對為數眾多的理論，人們只會選擇滿足自己需求的理論，此時的人們便失去了上帝視角，完全躋身於局內，看不清事物的全貌！

問題的根源，在於人類自身的認知特點，而且這種認知幾乎是人類天生的，就像貓遇到老鼠一樣，人類會根據自己的需求來選擇理論，這就導致一些虛假的、無法切實反映客觀世界真實面貌的理論在社會中廣泛傳播，這些理論塑造了人們腦海對客觀世界的印象，導致人們腦海中的世界與客觀世界脫節。

在歷史面前，人們能夠保持絕對的理智和客觀，

然而當身處現世時，人們卻迷失其中。無論是歷史還是現世，客觀世界並沒有發生任何變化，只是按照其自身的規律運行和發展，唯一不同的是人類的心態發生了變化，在歷史面前，人類是旁觀者，沒有需求的干擾，人類可以保持理智和客觀，但是在現世，需求與欲望，決定了人類觀察世界的角度，使人類喪失了理智與客觀！

第八章

知識的局限性

在人們的認知中,知識可以解決任何問題,當人們遇到問題時,就會尋找相應的理論和知識,對知識的掌握程度越高,人們認為其能力越強,學歷越高、越權威、說服力越強。

高學歷的優勢在於話語權,具有更高的說服力,能夠將人們說服,將人們置於自己編織的世界觀中,因此在政策推廣和產品銷售領域擁有絕對的優勢,成為了各大企業爭搶的目標,尤其在金融領域,對學歷的要求極為嚴格。然而當金融危機到來時,群英薈萃的金融領域並沒有比普通人強多少。

在入世文化中,高學歷佔據了絕對的權威,塑造了人們腦海中的世界。然而在出世文化領域,無論學歷高低,人人平等,因為人們面對的是客觀世界!

人們在篩選外部理論時,更傾向於能夠滿足自己需求的理論,而那些能夠切實反映客觀世界的理論,因為無法滿足人們的需求而遭到忽視。那麼,一個成功社會科學理論,是應該說服更多的人,還是應該切實反映客觀世界的真實面貌?

如果無法說服更多的人,就意味著產品沒有更多的市場,政策不被更多的人接受,因此在社會科學領域,說服更多的人要遠比切實反映客觀世界重要的多,這也是社會科學與自然科學的最大區別。

即便某些專家的理論能夠切實反映客觀世界的真實面貌,但由於這些理論無法滿足人們的需求而遭到人們的冷落,因此在社會中廣泛傳播的理論,永遠是那些能夠迎合人們需求的理論。因此,專家研究的物件並不是客觀世界,而是人們的需求!

知識就像是積木，當發現人們需求之後，挑選合適的知識編織成理論，然後向人們證明：需求可以成為現實！當股民準備投資股市時，希望股票上漲，但由於缺乏足夠的理論支持，因此猶豫不決，專家察覺到股民的理論需求後，推出合適的理論，於是股民採納了專家的觀點，開始買入股票。

　　此時，我們發現了人類行為的固有特點：做任何事情之前都需要理論支援！人們想要通過金融市場賺錢，需要尋找合適的理論支援自己的觀點。政府想推行某種政策，首先需要制定相應的法規，企業想推廣某種產品，需要編織相應的理論。只有邏輯合理，才能夠將人們說服，得到人們的支持。

　　雖然表面上，邏輯合理並沒有任何問題，但問題的根源並不在於邏輯本身，而在於邏輯的假設前提之上！美國安然公司發佈了一份完美的財務報表，人們認為安然公司非常具有投資價值。這個邏輯沒有任何問題，但問題在於：人們所有的觀點均建立在財務表

提供的資訊之上，然而財務報表是虛假的！人們關注的焦點往往是邏輯本身，但卻忽略了邏輯的假設前提。這就像身陷騙局之中的人始終都在認為：自己沒有被騙！

俗話說，無巧不成書，當人們想要投資股市而沒有理論支持時，專家看到人們的需求設計出相應的理論，當人們看到專家的學歷和背景，認為專家的觀點完全正確，於是放心大膽的進入了股市！當人們遭受虧損時，將所有的責任推卸給專家。現在看來，這種邏輯多少有點自欺欺人的感覺。

社會中存在大量的理論，然而絕大多數的理論是為了迎合人們的需求而產生的，雖然這些理論在邏輯上並不存在任何問題，然而邏輯的假設前提與客觀世界相差甚遠，導致理論描述的場景根本無法在客觀世界中成為現實，這也是知識無用論產生的根源！

對於理論的推廣者而言，他們希望自己的理論能夠在社會中廣泛傳播，因此只能屈從於人們的需求。

但對於理論的使用者而言,難道使用理論的目的只是為了滿足自己的需求?中國有句俗語:「欲加之罪,何患無辭」,只要想加罪於人,何愁找不到藉口。同樣,當人們想要去做一件事的時候,還害怕找不到理由嗎?此時的理論,成為了人類欲望的遮羞布!然而客觀世界會按照人類期望的方向發展嗎?如果這樣的理論能夠幫助人們實現夢想的話,人類早就離開地球,殖民全宇宙了。

我們選擇和使用理論的目的,並不只是為了滿足我們的需求,更是為了能夠在客觀世界將夢想變為現實。但是能夠滿足我們需求的理論無法在客觀世界中將夢想變為現實,而能夠將夢想變為現實的理論,未必能夠滿足我們的需求。

此時,我們需要思考一個問題:客觀世界是在按照我們的期望發展,還是我們應該遵守客觀世界的發展規律?

對於這個問題的理解,成為人類思想的分水嶺,

絕大多數人還是沉浸在夢想編織的世界之中，按照自己需求去尋找理論，以為客觀世界會按照自己的期望發展。只有少數人領悟到，我們應該遵守客觀世界的發展規律，順勢而為！

科學技術能夠取得高速發展，得益於人們將「術」與「科學」準確的區分開來，為科學發展塑造了一個良好的環境。如果我們想要準確預測客觀世界未來的發展方向，同樣需要將那些僅僅是為了滿足人們需求的理論和能夠切實反映客觀世界真實面貌的理論區分開來。

社會科學不同於自然科學，因為在自然科學中，人類是旁觀者，因此能夠以絕對客觀的視角觀察。但在社會科學中，人類是參與者，如果我們使用研究自然科學的方法來研究社會科學，就會出現這樣一個問題：雖然理論能夠切實反映客觀世界，做到了絕對的理智和客觀，但由於無法滿足人們的需求，因此遭到了人們的忽視，那麼，這是一個成功的理論嗎？美國經濟

學家魯比尼教授在次貸危機爆發前向人們發出了警告，但卻遭到了人們的忽視！對人們而言，能夠在社會中廣泛傳播的理論，才是成功的社會科學理論！

　　鑑於社會科學的特點，我們可以將社會科學理論劃分為兩種類型，第一種類型的理論側重於在社會中的傳播，追求能夠說服更多的人，造成更大的影響。第二種類型的理論側重於切實反映客觀世界，追求能夠準確預測客觀世界的發展趨勢。兩種類型的理論存在明顯差別。

　　清末的太平天國運動，洪秀全推出《天朝田畝制度》；義和團提出「扶清滅洋」的口號；孫中山在1905年提出「驅除韃虜，恢復中華」的口號等等。這些理論所追求的是能夠在社會中廣泛傳播，獲得更多的支持和力量。

　　「顧客就是上帝」、「不要讓孩子輸在起跑線」、「你不理財、財不理你」、「鑽石恒久遠、一顆永流傳」等等，這些理論同樣說服了很多人。

側重於傳播的社會科學理論在政治和商業領域擁有極其重要的地位！這些理論準確抓住了人們的需求，在人們的腦海中塑造了一個完美的世界，並將人們禁錮其中，影響了人們的邏輯和行為。

但是，側重於傳播的社會科學理論，塑造的只是人們腦海中的世界，客觀世界並沒有發生任何變化，依然在按照自身的規律發展。

美國經濟學家納西姆・尼古拉斯・塔勒布的著作《隨機漫步的傻瓜》，用詳盡的資料向人們展示了一個現實：無論基金經理的學歷水準如何，可能在短時間內他們能夠取得超越大盤指數的收益，然而時間越長，他們的收益水準都與大盤指數越是趨同，而且相對於普通人，他們的收益水準並沒有表現出很大的差別。這種現象在中國股市中也十分明顯，當大盤下跌的時候，幾乎所有的基金都在虧損。

基金經理作為高認知、高學歷、高智商的群體，在股票市場中應該比普通人擁有更優秀的表現，但現

實卻並非如此,為什麼出現這樣的局面?基金經理所使用的理論側重於傳播,他們的高學歷具備絕對的權威,擁有強大的說服力,說服人們購買他們的基金份額,將人們置於自己編織的世界之中。如果基金經理使用那些能夠切實反映客觀世界的理論,由於無法滿足人們的需求,因此根本沒有人認購他們的基金份額!

所以,在金融市場中存在一個潛在的規則,幾乎所有的人都在唱多,幾乎找不到唱空的人,這是因為幾乎所有的理論都建立在人們的需求之上。所以,對於這些理論而言,無法正確預測金融市場的未來走勢,也在情理之中!

第九章

孤獨的旅程

雖然人們生活在客觀世界中，但對客觀世界的理解和認識，卻被局限在了腦海的世界中。社會中廣泛流行的理論，塑造了人們腦海對客觀世界的印象，然而，這並不是客觀世界的真實面貌。人們生活在一個人為塑造的世界之中，期望腦海中的夢想能夠成為現實，然而名為世界的洪流只是一味的突兀奔流，而與人類的意志無關。

在不斷的失敗和挫折的打擊下，有些人頓悟，突然發現自己身處的世界完全是虛假的，如同《駭客帝國》中的尼奧，《楚門的世界》中的楚門，於是開始嘗試去掙脫這虛假的世界，去發現客觀世界

的真實面貌。

人們喜歡爭論，然而爭論的本質，只是在強調自己腦海對世界的印象，但這是客觀世界的真實面貌嗎？頓悟之後，批判和反駁的對象不再是別人，而是自己！人們反復思辨自己腦海對客觀世界的印象是否與客觀世界相同。

自然科學中，只有能夠切實反映客觀世界真實面貌的理論，才能被稱之為科學，因此科學理論不存在地域和空間的差別。但是在社會科學中，理論卻存在明顯的邊界，國家、政黨、學派、宗教等等，這些理論都擁有相對固定的「領地」，井水不犯河水。理論之間偶爾也會產生衝突，爭奪「領地」，王朝的更替、西方的十字軍東征等等，本質都是理論的衝突！

人們生活在客觀世界中，但對客觀世界的理解和認識卻被各種理論塑造的世界觀瓜分！

具備意識形態的理論和世界觀，為了維護自身理

論的正確性，阻止人們探索客觀世界，防止質疑的聲音和相左的觀點在社會中傳播。

義大利哲學家布魯諾因為宣揚《日心說》而被宗教審判所定罪，燒死在了羅馬鮮花廣場。雖然布魯諾強調的只是客觀事實，但是事實損害了宗教理論的正確性！此時，我們發現了一個問題，以客觀世界為基礎的理論，並沒有任何領地！因為幾乎所有的世界觀，都不希望人們發現客觀世界的真實面貌。

美國國家安全局（NSA）和聯邦調查局（FBI），於 2007 年啟動了代號「棱鏡」的秘密監控項目，直接進入美國網際網路公司的中心伺服器裡挖掘資料、收集情報，包括微軟、雅虎、谷歌、蘋果等在內的 9 家國際網路巨頭皆參與其中。2013 年 6 月，斯諾登將「棱鏡」項目的秘密文檔披露給了《衛報》和《華盛頓郵報》，遭美國政府通緝。

世界觀塑造了人們腦海對客觀世界的印象，然而這並不是客觀世界的真實面貌，人們以為自己腦海中

的景象能夠在客觀世界中成為現實，然而客觀世界只是在按照其自身規律運轉，而與人類的意志無關。只有以客觀世界為基礎的理論，才能夠準確預測未來客觀世界的發展方向。然而，幾乎所有的世界觀都不希望人們發現客觀世界的真實面貌，並阻止以客觀世界為基礎的理論在社會中傳播。因此，以客觀世界為基礎的理論，只可意會而不可言傳！

以客觀世界為基礎的理論，無法像知識那樣通過言傳身教來傳播，因為世界觀是人類觀察世界的視角，評價是非對錯的標準，如果別人試圖去改變這種世界觀時，只會演變為無休止的爭論，我們只能夠改變自己的世界觀！因此，以客觀世界為基礎的理論只能通過「悟」的方式來傳播，雖然我無法把自己的觀點告訴你，但可以告訴你自己的觀點是如何得來的！

學和悟完全不同，學的是知識，如同載重汽車上不斷增加的貨物，並沒有改變人們的認知和世界觀，而悟，改變了人們對客觀世界的理解和認識，原先是

載重汽車,現在成為了轎車。知識,永遠是外在的,無法改變人們的命運!只有改變了認知,才能夠改變命運。

這就像人們為了在金融市場中獲利,不斷去學習各種理論和知識,但是,能夠在社會中廣泛流行的理論,都是基於人們需求而設計的理論,這樣的理論能夠滿足人們的需求,但卻無法切實反映客觀世界的真實面貌,因為,無論人們學習多少這樣的理論,都無法準確預測金融市場的走勢。如果人們能夠頓悟,就不會在執著於學習更多的理論和知識,而是開始分析客觀世界運行和發展的規律,而不是被紛雜的資訊迷惑。

第十章

彼岸

　　人們在觀察世界的時候，視角被局限在了自己腦海的世界觀中，與腦海中的世界觀相符的觀點視為正確，不相符的觀點則視為錯誤。當人們身陷騙局之中，如果我們進行規勸，就會遭到對方的反駁甚至敵視。此時的人們已經身陷局中，無法自拔。每個人都有類似的體驗，當自己身陷局中之時，別人怎麼勸都沒有用。世界觀禁錮了人類的思維，這是人類固有的認知缺陷！

　　赤壁之戰前夕，曹操任命降將蔡瑁、張允為水師提督，周瑜知道二人精通水軍作戰，嚴重威脅自己，想要除掉這兩個人。正好遇到故人蔣幹拜訪，蔣幹實際上是曹操的說客，周瑜設計讓蔣幹偷走了偽造的蔡

瑁、張允的投降書信，曹操看到書信之後勃然大怒，不聽勸阻，下令斬殺了蔡瑁和張允。蔡瑁、張允被斬殺之後，曹操才回過神來，意識到自己中計。

世界觀是人們評價對錯是非的標準，所有相左的觀點都會被視為錯誤，因此在學習的時候，人們只會篩選自認為正確的觀點，任何相左的觀點都會視而不見。外界的知識和觀點無法改變和動搖人們腦海中的世界觀，電信詐騙案件中的受害者不乏有高學歷的人員，身處局中的我們，如何才能自救？

此時哲學的價值便體現出來，進行自我懷疑和批判，通過反思，掙脫囚禁自己認知的世界觀。對於曹操而言，自己得到的所有資訊都在證明蔡瑁、張允叛變，證據確鑿，毋庸置疑，他們所有的解釋都是在狡辯。然而曹操性格多疑，當他下令斬殺兩人時，心中充滿疑問：我所得到的資訊，是不是就是別人想讓我得到的？於是曹操拿起蔡瑁、張允的投降書信，仔細端詳，突然發現書信是偽造的！此時的曹操才回過神來，但

卻為時已晚。

　　接受資訊，經過邏輯之後得出結論，然後行動。這是人們每天都在做的事情，雖然表面看來並沒有問題，但問題就在於：我們得到的資訊，就是別人想讓我們得到的！絕大多數人並沒有思考過這個問題，導致人們被禁錮在虛假的世界觀中。

　　三國時，曹操在一次行軍途中，天氣炎熱乾燥，一直沒有找到水源，士兵們口渴難耐，但軍情緊急，如果過分催促士兵，就會存在嘩變的風險。曹操靈機一動，下令：前面有一片梅子林，樹上有很多果子，可以解渴。士兵聽了以後，口水直流，部隊前進的速度明顯加快，終於在前面找到了水源，解除了危機。

　　每個人都認為自己的觀點和決策絕對正確，但這種正確性只是建立在人們腦海的世界觀中，並不存在於客觀世界中！如果我們希望夢想在客觀世界中成為現實，就必須走出腦海中的虛假世界觀，回到客觀世界中來！

資訊就像是一個囚籠,將我們封閉的特定的世界觀中!如何才能掙脫這種世界觀呢?我們需要從另一個角度來看待世界!我們都知道,老闆喜歡給員工畫大餅,然而,這並不是喜歡,而是形勢所迫,當我們坐上老闆的位置時,同樣也會給員工畫大餅!雖然老闆畫的大餅是虛假的,但形勢卻是真實的!因此,我們需要學會通過形勢來觀察世界,而不是通過資訊!

但是,當下社會中的主流文化,所有的邏輯都建立在資訊之上,只有建立在資訊之上的邏輯,才能夠將人們說服,建立在形勢之上的邏輯,難以將人們說服!但其實,建立在資訊之上的邏輯主要用於說服,而建立在形勢之上的邏輯主要用於決策,不需要說服任何人!

古代兵書中強調,佔據有利地勢可以在戰爭中獲得優勢,但是,敵我雙方都明白這個道理,如何才能利用這種條件呢?首先,將部隊埋伏在地利的位置,設置包圍圈,然後在與敵人交戰的時候佯裝敗退,引

誘敵人追擊，將敵人引至包圍圈，然後殲滅。

假如我們現在是敵人，兩軍交戰，對方戰敗，開始潰逃，所有的資訊都在證明：我們勝利了，應該乘勝追擊。然而當追到一處，我們突然發現：這裡的地勢非常適合埋伏！此時，我們是追，還是不追？

如果是在學術領域，在沒有任何證據證明的情況之下，為什麼斷定有埋伏，為什麼要停止追擊？此時，我們的觀點無法說服任何人，因為沒有證據！但是在真實的戰場環境下，不追擊有可能躲過一劫！此時，我們應該明白，三國演義中的空城計，司馬懿為什麼會選擇止步不前！

學術研究與實踐最大的區別在於：學術研究的假設前提是資訊完全，即所有的資訊都是真實的，能夠反映客觀世界的真實面貌。然而在客觀世界中，人們得到的資訊往往是不真實、不全面的，無法切實反映客觀世界的真實面貌。人們在接受教育的時候，已經習慣了學術性思維，認為自己得到的資訊能切實反映

客觀世界的全貌，然而在實踐過程中，人們得到的資訊往往是片面的、甚至是虛假的，與學術環境存在較大的區別，因此，學術理論在實踐活動中並不實用。學術與實踐之間，始終存在一條難以逾越的鴻溝！

我們在學校中學習的理論，所有的觀點都建立在完整的資訊之上，當我們步入社會之後，在進行決策時，我們得到的資訊是不完整的，而且其中還充滿虛假的資訊，如何才能在這種資訊環境下做出正確的決策？

關於這一點，我們還是需要從歷史中尋找經驗！古代的兵書一直在強調，打仗要佔據天時、地利、人和！每一個將領也都深知這一點，既然知識水準相同，如何才能決出勝負？

春秋時期，軍事家孫武在伍子胥的推薦下，為吳國統兵，吳王為了試探他，讓孫武訓練宮女。吳王的兩個愛妃身為隊長，不聽指揮，嬉戲打鬧。於是孫武下令，將吳王的愛妃斬首，另選兩人為隊長，宮女心

生恐懼，再次訓練時，所有動作全部符合要求。

　　孫武剛開始訓練，宮女根本不聽從孫武的指令，但孫武將吳王的愛妃斬首之後，所有的宮女便開始聽從孫武的指令。一旦對方聽從了自己提供的資訊，那麼我們便擁有了編織對方腦海中世界觀的能力，可以通過世界觀影響對方的邏輯和思維。

　　此時，我們需要思考一個問題，如何才能讓對方接受我們提供的資訊呢？最為直接的是兩個途徑：暴力和利益，如果對方使用暴力，我們會聽取，如果對方提供利益，我們同樣會聽取。在兩者的基礎之上，國家和企業的概念因此成立，國家頒佈的政策和法令、企業頒佈的制度，我們都需要聽取和遵守，如果不遵守就會遭受懲罰或者損失。

　　但是，戰場之上，敵我雙方非同一陣營，如何才能讓對方接受我們提供的資訊？

　　三十六計之一的圍魏救趙：戰國時期，魏國攻打

趙國，趙國形勢危急，向齊國求援。齊國將領決定攻打魏國，魏國驚恐，緊急調撥攻打趙國的部隊回援，齊軍在魏軍回援途中設伏，大敗魏軍。

　　兩軍對壘，如果雙方都佔據有利地勢，難以分出勝負的。如何才能調動對方，讓對方按照我們的意圖行動？此時，就需要利用人類的認知特點：根據自己的需求來篩選相應的理論！齊軍如果直接救援趙國，魏國佔據有利地勢，以逸待勞，齊軍非常被動。於是齊軍選擇進攻魏國，魏國驚恐，調兵回援，齊軍在魏軍的必經道路上設伏，成功將魏軍擊敗。

　　人類對理論的需求，就像動物對食物的需求一樣，於是，理論成為了將對方引入陷阱的誘餌。想要在戰場上調動對方，形成對自己有利的形勢，就需要尋找對方的理論需求，就算是沒有需求，也可以製造需求，只要存在需求，我們就可以設置誘餌調動對方，將對方置於自己佈置的局中。

　　此時，我們可以得出這樣的結論，兵法的精髓在

於認知：如何不被對方迷惑和如何迷惑對方！但是，我們現在思考另一個問題：為什麼我們在學校中學習的知識對此完全沒有涉及，為什麼我們現在討論的問題與學校中學習的知識會存在如此之大的差別？

學校中的知識，存在固有的傳遞通道，學歷和職位越高，說服力越強，資訊能夠流暢的傳播，但是我們所討論的環境，與學校環境存在天壤之別，人們處在不同的陣營，彼此之間甚至是敵對關係，資訊和觀點彼此之間並不能流暢的傳播。這種現象其實一直存在，只是被人們忽略了而已。我們以經濟學為例，著名的經濟學家發表了觀點，贏得了人們的支持。但經濟學專業畢業的學生所發表的觀點，即便與著名經濟學家發表的觀點相一致，也很難得到人們的支持。因為，經濟學專業畢業的學生沒有足夠的權威將人們說服！

學校中學習的知識，從來不需要考慮資訊的傳播通道問題，因為只要到達了象牙塔的頂端，資訊通道就會水到渠成。但是，當我們回到現實之中，情況就

開始變得複雜,如果沒有通道,資訊是無法傳遞給對方的。就像那些經濟學專業畢業的學生,即便觀點完全正確,也無法說服任何人,因為沒有資訊傳遞的通道。

企業生產的產品,需要建立資訊通道,讓人們知道產品存在同時,說服人們夠買產品。邀請名人或者網紅代言、在網路和電視媒體上做廣告、參加學術研討會、產品展銷會、招聘高學歷人才等等,這些途徑都是在建立資訊通道。

國家建立的行政與學術體系,本質也是資訊通道,能夠讓領導層和學術資訊迅速傳遞到社會的每一個角落。資訊通道就像神經,控制了人們的思想和行為。

學術領域中的知識,因為存在固有的資訊傳遞通道,因此並不會對通道進行研究。但是,當人們想要去建立一番事業,大有一番作為的時候,首先要考慮的是:如何才能建立資訊通道,把自己的觀點和理論傳播出去,將人們說服!

2022年2月12日，中國小夥李亞緣在柬埔寨被圈養「抽血賣錢」的消息在網上流傳，被廣泛關注，成為了當時的熱點話題。2月17日，中國駐柬埔寨大使館發文表示，2月12日，柬埔寨中柬第一醫院反映，該院收治了1名李姓中國男子，其因輕信虛假招工廣告，被犯罪團夥脅迫偷渡至柬埔寨，後遭柬西哈努克港中國城內網賭電詐團夥非法拘禁，並被多次大劑量抽血，生命垂危。

　　2月28日，柬埔寨警方向中國駐柬埔寨大使館通報了初步調查結果並發佈公告，認定所謂「血奴」案純屬編造。李亞緣偷渡柬埔寨，出現嚴重肝臟疾病，聯繫了當地社會組織尋求幫助。三個人出於不同目的，協助李亞緣綸編造和宣傳「被非法拘禁、虐待、成為血奴」的假新聞。

　　「血奴」事件，利用網路成功搭建了資訊傳遞通道，成為了當時的熱點話題，但整個事件卻是虛假的。

　　太平天國首領洪秀全，創立拜上帝教，自稱是上

帝的次子。東漢末年太平道首領、黃巾起義領導人張角，自號大賢良師、天公將軍等等。為了能夠成功搭建資訊傳遞通道，人們都會為自己立一個高大上的人設！

苦肉計、離間計、美人計、調虎離山、聲東擊西，圍魏救趙等等，所有計謀的本質，都是在嘗試建立資訊通道，將虛假的資訊傳遞給對方。成功的理論，就是能夠成功建立資訊通道，並將資訊傳遞到人們的腦海中，影響人們的邏輯和思維！我們所學習的知識和理論，都是成功的，因為它們已經成功的將資訊傳遞到了我們的腦海中。

雖然人們生活在客觀世界中，但對客觀世界的理解和認識，全部來自於外部資訊，當資訊進入人們腦海之後，便開始塑造人們腦海對外部世界的印象。人們認為進入自己腦海中的資訊是真實的，然而其中的絕大部分資訊是虛假的，因此，人們被虛假的資訊所迷惑，在不知不覺中被割了韭菜！

第十一章

局

科學理論是哲學的產物,為什麼這樣說呢,因為科學理論是哲學篩選的結果,只有能夠通過篩選的理論,才能稱之為科學。在我們生活的社會中,每時每刻都能夠產生大量的理論,只有能夠在客觀世界中重現的理論,才能稱之為科學。很多類似於科學的非科學理論,雖然能夠將人們說服,但卻無法在客觀世界中重現,因此不能被稱之為科學。在商業活動中,科學與非科學理論的界限並不明顯,但是在學術活動中,必須嚴格區分科學與非科學理論。因此,如何對兩種理論進行區分,是學術研究者應該具備的基本素養。類似於「水基燃料」現象,出現在商業領域算是正常

現象，但如果出現在學術領域，就是不正常的現象。

探索世界的未知領域是學術界擔負的任務，在探索過程中，理論出現錯誤是非常正常的現象，通過對理論的不斷修正，直到理論能夠切實反映客觀世界，當理論描述的場景能夠在客觀世界中重現時，此時的理論才是合格的科學理論。學術界是生產科學理論的工廠，能夠在客觀世界中重現，是理論的「出廠檢驗」，只有檢驗合格的理論才能夠準許出廠，才能稱之為科學理論，在社會中傳播。

當然，社會中存在大量類似於科學的非科學理論，這些理論能夠將人們說服，但卻無法在客觀世界中重現，在商業領域這是一種正常現象，但如果出現在學術領域就不正常！因為這樣的理論將人們的認知封閉在特定的世界觀內，通過改變人們腦海對商品的印象，使商品以更高的價格成交，從而獲得更高的利潤。為了維護自身利益，理論試圖將人們的認知永遠封閉在特定的世界觀中，阻止人們去發現客觀世界，這顯然

與科學精神背道而馳！商業理論追求的是利益，而科學理論追求的則是探索客觀世界的真實面貌，兩種類型的理論存在本質的區別。

　　是否能夠在客觀世界中進行重現，是人們進行理論篩選的一種方法。除此之外，「可證偽」是哲學家卡爾・波普爾提出的理論篩選方法，商業理論追求利潤，力求永遠將人們禁錮在特定的世界觀中，為了維護世界觀的穩定，阻止人們探索客觀世界，不允許人們進行質疑，因此這種類型的理論是「不可證偽的」，是非科學理論。而科學理論，在面向社會推出之前，需要進行質疑和證偽，觀察理論描述的場景能否在客觀世界中重現，如果能夠重現，則證明理論切實反映客觀世界的真實面貌，如果無法重現，則證明理論仍然存在缺陷，還需要進行完善。因此我認為，「可證偽」更多強調的是人們對待科學理論的態度，商業理論的態度建立在利益之上，將利益視為正確，任何質疑的行為都會影響利益，因此不允許人們進行質疑！而科學理論的態度則是建立在客觀世界之上，對理論進行

質疑是正常的流程，就像產品的出場檢測一樣，並不存在對錯之分。萬有引力、電磁感應定律、能量守恆定律等等，這些理論已經存在了數百年，經受了人們無數次的質疑，但這些理論依然保持正確！既然理論能夠切實反映客觀世界的面貌，那麼理論就不害怕被質疑！

　　科學，是西方哲學結出的寶貴果實。雖然東方的哲學並沒有孕育出科學，但在社會科學領域，東方哲學留下了濃墨重彩的一筆，那麼，東方哲學如何篩選進入人們腦海中的資訊呢？

　　中國古代群雄割據，戰爭頻繁，遊走於各國之間的說客成為一項重要職業，他們善於把握諸侯的理論需求，並依託這種需求，將觀點輸送到諸侯的腦海中，對當時的政治格局造成了重大影響。每一個諸侯的身邊，存在無數的說客，而說客擁有無數的觀點，在眾多的觀點之中，應該選擇哪一種觀點，選擇的標準又是什麼？

人們在投遞簡歷的時候，HR往往根據一個人學歷、工作背景、職業經歷、人脈等等來斷定能力水準，但當我們回顧歷史就會發現，能力強的人，能夠準確識別外部的虛假資訊，並做出準確的選擇和決策。諸葛亮、姜子牙便是代表，在步入政治舞臺之前，他們的簡歷在HR面前簡直就是垃圾！

中國哲學的核心，就是在研究如何去處理外部繁雜的資訊。但是中國的思想不同於西方，行不言之教，因此很難將中國的哲學直觀的表達出來，我也將盡力去做這件事！

歷史記載的，是各種理論在客觀世界中的實踐過程。當人們被說服，便會被禁錮在理論編織的世界觀中，被命運裹挾著前進。如果我們將歷史看作是江河，那麼理論就是江河之中的船舶，被說服的人，便是船舶中的乘客！

被龐氏騙局說服的人，將自己的資金投入其中，認為自己能夠發大財。然而這只是龐氏騙局在人們腦

海中編織的世界觀，人們對客觀世界理解和認識被禁錮其中，這便是船舶之內的景象。當人們登上這艘船，命運便已經註定，但人們對此卻一無所知！

船舶在客觀世界中的命運，稱之為「道」；船舶之內的景象，理論在人們腦海中塑造的世界觀，稱之為「局」。

只有在回顧歷史的時候，我們才能夠發現「道」的身影，但是在現世中，我們對客觀世界的理解和認識，卻被禁錮在了各種各樣的「局」中！「道」是客觀世界的運行規律，而「局」則是人們腦海對客觀世界的印象，兩者並不相同。

為什麼會造成這樣的局面？

明代的哲學家王陽明與朋友到南鎮遊玩時，朋友指著岩石中的花樹問：「天下無心外之物，如此花樹在深山中自開自落，於我心亦何相關？」王陽明說：「你未看此花時，此花與汝心同歸於寂；你來看此花時，

則此花顏色一時明白起來，便知此花不在你的心外。」

深山之中的花樹自開自落，沒有發現它時，人們對花樹沒有一點印象。當人們觀察到它時，便在腦海中形成了印象，即便花樹死去，人們的腦海中依然能夠浮現花樹的樣子。

「道」同花樹一樣，「在深山中自開自落」，時刻影響著客觀世界的發展，如果人們沒有發現它，腦海便不會對它形成印象。

即使人們沒有發現「道」，也不會對人們的生活造成影響，因為人們的周圍存在大量的資訊，這些資訊塑造了人們腦海對客觀世界的印象！此時，我們需要反思一個問題：未來世界，是會按照我們腦海中浮現的景象發展，還是依「道」而行？其實，歷史已經給了我們答案，只不過是我們視而不見！

中國的賢者們發現了「道」的存在，同時也發現了「局」對人們認知的影響，於是人們開始修行，思

考如何「破局」！我們身處的社會充滿了競爭，無論軍事還是政治，佔據優勢只有一條法則：不被別人設的局迷惑，將別人置於自己設的局中！因此，「破局」成為了一種至關重要的能力！

然而，破局並非易事，因為人們在篩選外部資訊的時候，更傾向於將對自己有利的資訊視為正確，對自己不利的資訊視為錯誤。為了能夠將人們置於局中，在進行理論設計的時候會充分迎合人們的需求，因為只有滿足人們需求的理論，才能夠被人們接受！能夠在社會中廣泛傳播的理論，都是基於人們的需求設計的，人們也非常喜歡這樣的理論，並認為這些理論是正確的。當人們被這些理論說服，便陷入了理論塑造的「局」中！這種現象在金融領域最為常見，無論何時，幾乎所有的理論都在看漲，幾乎找不到看跌的理論。人們關注的焦點並不是客觀世界，而是自己的需求！

人們無法破局，根本原因在於欲望，人們更希望生活在腦海的理想世界中，而不是生活在客觀世界中。

因此,那些能夠切實反映客觀世界的理論,對人們根本沒有吸引力,而那些虛假,但卻能夠滿足人們需求的理論,則受到了人們的歡迎。人們之所以入局,完全是「姜太公釣魚,願者上鉤」!

不被「局」所迷惑,最簡單的方法就是克制自己的欲望。「不以物喜,不以己悲」、「親賢臣、遠小人」、「忍一時風平浪靜、退一步海闊天空」、「淡泊明志,寧靜致遠」等等。克制自身的欲望,是中國哲學修養的必經之路!

局的本質更像是一個陷阱,人們之所以無法逃離這個陷阱,是因為陷阱之中有吸引人們的東西,雖然人們根本得不到,但卻總想著要去得到它,因此根本無法自拔!這讓我想到了一句佛家偈語:苦海無邊,回頭是岸。只有克制了自身的欲望,我們才能以另一種角度觀察世界,而這個角度便是「道」!

我們可以將歷史劃分為無數個片段,片段的最小單位便是「局」。當人們被說服,對世界的理解和認

識便被禁錮於理論編織的世界觀中,然而當人們發現理論描述的景象無法在客觀世界中成為現實時,這種世界觀便會崩塌。只要能夠將人們說服,「局」便存在,如果再也無法將人們說服,「局」便壽終正寢。從維持數天的騙局,到持續數百年的王朝,太平天國、義和團、龐氏騙局、政黨、企業、公司等等,這些事物的本質就是「局」。

社會中的「局」並不是相互獨立的,而是相互之間充滿了競爭,有些「局」越做越大,將越來越多人置於其中,影響力越來越大,而有些「局」,僅僅維持了數年便出現了崩塌,人員被吸納到其他「局」中。

如果我們對「局」進行剖析,能夠將「局」越做越大的舉措,此為「得道」,而那些導致「局」崩塌的舉措,則為「失道」。

新生勢力,為了能夠迅速成長,擴大自己的影響力,便會推出「得道」的理論和舉措,這些舉措對人們而言非常具有說服力,理論在社會中迅速傳播,影

響力不斷擴大，星星之火，有燎原之勢。很多新生勢力在前半段做得非常好，但到了後半段就會出現問題，世界觀迅速崩塌！之所以會出現這樣的局面，是因為新生勢力已經擁有了足夠影響力和規模，不再需要擴張，「道」因此被棄用，轉而開始求「利」，局勢開始由盛轉衰。當一家企業為了利益而開始不擇手段的時候，就證明這家企業開始走下坡路了。

在證券市場中，人們分析企業未來的發展趨勢，往往是根據企業的財務報表、未來規劃、以及當下政策等等，但幾乎沒有人採用我們講述的方法，這是為什麼？

這就像應試教育中的閉卷考試，只有在試卷相同的前提條件之下，得出的成績才具有可比性。人們能夠相互交流，相同的資訊是前提條件。反觀中國哲學，對世界的理解和認識建立在「道」與「局」的概念之上，當我們與別人交流的時候，難道還要向別人普及這兩種概念嗎？顯然，對「道」與「局」的研究，並不是

為了去說服別人,而是為了幫助自己更準確的瞭解世界!

「富不過三代」是中國先哲總結出來的經驗,即使現代的富人將自己的孩子送去西方最優秀的學校學習,這個魔咒仍然難以打破。一代創業,從頭開始,依道而行,慢慢擴大自己的影響力,這些企業往往非常傳統,誠實守信、貨真價實等等。當一代退出管理崗位後,二代認為傳統的經營方式收益率太低,著手改革,開始棄道,轉而追求更高的利潤率。短時間內,企業的利潤率上漲會非常快,但是企業的影響力和市場規模卻在不斷縮減,這一點與王朝的興衰非常相似!曾經在市場中佔據統治地位的企業,在短短幾年內便迅速衰敗,這樣的例子並不少見,IBM、摩托羅拉、諾基亞、安然、雷曼、雅虎等等!

此時,我們需要反思一個問題:西方經濟學將追求利潤的最大化定義為企業的經營目標,真的合適嗎?這樣的理論非常具有說服力,並且在社會中廣泛傳播,

贏得了很多人的支持,但是對企業而言,真的是最優選擇嗎?

現代教育與哲學最大的差異在哪裡?現代教育就是讓所有人在同一張試卷上做題,按照成績的高低進行排序,區分優良劣差,只有這樣才能夠做到絕對的公平。但是哲學卻無法這樣做,因為教育教授的是知識,而哲學研究的是認知!雖然人們生活在同一個客觀世界中,但由於人們成長的環境彼此不同,對客觀世界形成了不同的印象,因此當人們面對同一個問題時,往往會做出不同的選擇和判斷。對於這些選擇和判斷,究竟什麼是正確,什麼是錯誤?在入世文化中,權威便是正確,但在出世文化中,另當別論!

南宋民族英雄岳飛在抗金節節勝利之際。宋高宗於紹興十一年(西元 1141 年)在秦檜的挑唆下,一日內連發十二道金牌,將在前線作戰的岳飛招回臨安。岳飛見金牌,悲憤交加,痛心疾首地仰天長歎:「十年之功,廢於一旦!所得諸郡,一朝全休!」同年十一

月，宋朝廷以「莫須有」的罪名，將岳飛、岳雲父子絞死於風波亭。

在歷史面前，我們可以做出客觀而又公正的評價，但是在現世之中，在權威的威懾之下，客觀與公正只能深藏在人們內心深處，但是面對這樣的局面，除了歎息，還能做什麼？

雖然人們渴望改變命運，但對於絕大多數人而言，命運並不掌握在自己手中，而是掌握在權威的手中，他們的決策決定了人們最終的命運。中國傳統哲學的核心，是在研究如何進行決策，並將這種決策方法傳承給後世。對於現世，在權威的威懾之下，人們已經無法多言，但對於後世而言，將正確的決策方法傳承下去，避免後世出現如此無奈的局面。

晉惠帝司馬衷是西晉的第二代皇帝，對國家大事一無所知。在一次全國災荒中，百姓因沒有糧食而餓死，晉惠帝卻問：「百姓無粟米充饑，何不食肉糜？」。

面對後世，我們應該傳承什麼？對於晉惠帝而言，位於社會的最頂端，財富、名譽什麼都不缺，唯一缺少的就是對社會的深刻理解和認識，雖然人們生活在客觀世界中，但對客觀世界的理解和認識，卻被禁錮在自己能夠接觸到的小世界中，晉惠帝自小衣食無缺，因此根本無法理解饑荒是什麼概念。

貧窮家庭出生的孩子，沒有父輩光環，想要出人頭地，只能依靠自己，勤勞、踏實、誠信等等，只有這樣做才能得到人們的信任，不斷增加自己的影響力，因此對「道」深有體會。富貴人家出生的孩子，帶有父輩光環，做事因此較為隨意，即便做錯事也會有人兜底，完全不知「道」為何物。同樣的世界，在兩者的腦海中形成了不同印象。

幾乎所有的企業都會面臨傳承問題，但新老兩代人之間會存在明顯的「代溝」，二代認為一代的經營策略太過於保守、利潤過低，等等問題，經營政策開始轉向，轉而追求高利潤，短時間內，企業經營資料

好轉，但隨著時間的增長，經營便開始出現問題，企業的規模和影響力開始下降。

二代在知識水準層面完全超越了父輩，企業經營應該是錦上添花，但很多企業在完成交接之後，企業的經營資料在曇花一現之後便開始出現問題，為什麼會呈現這樣的局面？關鍵還是在於教育，現在的教育只是在傳授知識，忽視了認知問題！

考試的時候，所有人的試卷是相同的，雖然成績各有差異，但由於試卷相同，人們彼此可以交流。新老兩代人的成長環境存在巨大的差異，同樣的世界在不同的人腦海中形成了不同的印象。人們所有的觀點，都是基於自己腦海對客觀世界的印象而得出的，腦海對客觀世界的印象不同，就像是人們在考試中使用了不同的試卷，根本無法溝通。

曹操多疑、關羽自傲、袁紹自負，三國演義中的人物性格特徵明顯，這些人並不是憑空捏造的，而是歷史中真實存在的，現實生活中的每一個人都帶有鮮

明的性格特徵，而且這種性格特徵會伴隨人們一輩子。人們腦海對客觀世界的印象，形成於相對封閉的成長環境，然而人們所要面對的則是外面的整個世界！我們能夠從每個人舉止和行為中，發現他成長環境的影子，雖然人們早已跨出了那個相對封閉的成長環境，但人們的認知卻被永遠囚禁其中，這其實就是我們的性格。同一件事，在性格特徵不同的人面前，會得出不同的結論。

　　中國的傳統哲學，就像應試教育使用統一的試卷一樣，在努力幫助人們建立一個觀察世界的統一視角，因為只有在統一的視角之下，人們才能進行溝通和交流！這個視角其實就是觀察歷史的視角，幫助人們走出那個束縛自己認知的成長環境，不被欲望迷惑、不被「局」束縛，站在客觀世界的彼岸去觀察世界！

　　中國哲學追求「無我」的境界，其實就是希望人們能夠站在歷史的角度來觀察客觀世界！如果能夠站在這個視角觀察世界，對於「道」和「局」，我們就

能夠一目了然！人們能夠在歷史面前保持絕對的理智和客觀，然而回到現世之後，卻喪失了全部的理智和客觀，是因為人們的認知被束縛，只有擺脫了這種束縛，才能夠回歸理智和客觀。

現代教育最大的缺點在於：社會科學領域的理論，追求在社會中廣泛傳播，為了達到這一目的，在進行理論設計的時候，更偏向於人們的需求。或者說，那些無法滿足人們需求的理論，因為無法在社會中廣泛傳播，因而在現代的教育體系中逐漸消失。

為了能夠在社會中廣泛傳播，每一種理論都擁有完美的邏輯，但是這些完美的邏輯只是建立在人們能夠得到的資訊之上，人們只關心建立在這些資訊之上的邏輯是否完美，卻根本沒有考慮這些資訊是否切實反映客觀世界。

金融危機爆發之前，金融市場一片繁榮，此時，預測金融產品價格上漲的理論會受到人們的歡迎，而預測金融產品下跌的理論則會遭到人們的排斥，為了

推廣自己的理論，金融產品價格將會上漲幾乎成為了所有人的觀點，身在其中的人早已陷入了瘋狂，對此全然不知。當所有人都陷入瘋狂的時候，如何才能保持冷靜？

首先第一點，一定要克制自己的欲望！雖然所有人都認為金融產品的價格會不斷上漲，然而這種判斷完全是基於人們的欲望！金融產品價格不斷上漲的本質，源於理論在社會中不斷傳播，將越來越多的人說服，越來越多的資金參與到市場之中。當理論無法說服更多的人時，金融產品的價格便會難以維持，市場便會出現拐點！

然而被欲望支配的人們根本發現不了這一點，即便市場已經處在下跌階段，人們依然會被那些唱多的理論吸引，對唱空的理論不屑一顧！人們熱衷於爭論，但是爭論完全沒有意義，就算在爭論中獲得了勝利，客觀世界就會按照我們預期的方向發展嗎？只有克制了自己的欲望，我們才能在「局」中掙脫，看到客觀

世界的樣子。所謂的爭論，其實只是在強調自己腦海中呈現的景象，人們被困在腦海的虛假世界中無法自拔，反而對客觀世界不屑一顧，這是可憐，還是可悲？

　　社會發展和運作的方式，與人類的性格特點息息相關，因此對社會的理解應該建立在人類的認知特點之上，反觀西方社會科學的發展，將對世界的理解建立在了數學之上，完全忽視了人類自身的認知特點。在自然科學領域，利用數學模型類比客觀世界是可行的，但在社會科學領域，完全不可行，數學模型根本無法預測和類比金融危機，西方的社會科學理論存在巨大漏洞！

　　美國長期資本管理公司簡稱 LTCM，將金融市場的歷史資料、相關理論學術報告及研究資料和市場訊息有機的結合在一起，通過電腦進行大量資料的處理，形成一套較為完整的電腦數學自動投資系統模型，並以此作為理論基礎進行投資。1997 年諾貝爾經濟學獎得主默頓（Robert Merton）和斯科爾斯（Myron Scholes），

因此榮獲桂冠。在 1994-1997 年，業績驕人，成立之初，淨資產 12.5 億美元，到 1997 年末，上升為 48 億美元，每年的投資回報率分別為：1994 年 28.5%、1995 年 42.8%、1996 年 40.8%、1997 年 17%。但是在 1998 年，從 5 月到 9 月，短短 150 天，淨資產下降了 90%，虧損 43 億美元，到了瀕臨破產的邊緣。

此時，我們需要明白一個道理，邏輯上不存在問題，只是表明在人們腦海對客觀世界的印象裡，所用的邏輯是合理的。但是，人們腦海對客觀世界的印象與客觀世界相同嗎？客觀世界是相同的，理論也是相同的，然而學者得出的觀點卻彼此不同，這是為什麼？最受歡迎的觀點並不是那些能夠切實反映客觀世界的觀點，而是那些能夠滿足人們需求的觀點！因此，西方的社會科學家，只能作為評論家，始終無法成為實幹家。學術與實踐之間，存在一條無形的鴻溝！

第十二章

桃花庵

人們在篩選理論的時候，更偏向於自己的欲望和需求，能夠滿足自己欲望和需求的理論便是正確的，無法滿足自己欲望和需求的理論便是錯誤的。但是，客觀世界會按照我們的意願發展嗎？欲望，支配了人們對客觀世界的理解和認識，將人們禁錮在了虛假的世界觀中。中國的先哲們領悟到了這一點，通過修行來克制欲望，才得以掙脫禁錮自己認知的虛假世界。

當人們掙脫了那個禁錮自己認知的虛假世界，就獲得了一個觀察世界的絕佳視角，佛家將這個視角稱為：彼岸！試想一下，金融危機爆發前，金融市場空前火熱，街頭巷尾、茶餘飯後，人們都在討論股票，沒有人能夠

在這樣的局面下保持冷靜。但是，我們應該明白一點，金融市場火熱的本質，是相關理論在社會中的廣泛傳播，當理論傳播到街頭巷尾之時，就代表已經說服了所有能夠說服的人，就像火焰點燃了所有能夠點燃的燃料一樣，最火熱、最瘋狂的時刻，恰恰是轉折的時刻。然而人們早已被欲望蒙蔽了雙眼，看不到客觀世界的真實面貌。在人們看來，在這千載難逢的賺錢機會下，能夠保持冷靜，不為所動的人，不是蠢就是傻！這種意境就像唐伯虎的詩詞：別人笑我太瘋癲，我笑他人看不穿。」

每個人都認為自己的決策和觀點絕對正確，但這種正確性只建立在人們的腦海中！人們在篩選外部理論時，將能夠滿足自己需求的理論視為正確，無法滿足自己需求的理論視為錯誤，當那些能夠滿足人們需求的虛假理論在客觀世界中廣泛傳播時，人們更願意相信這些理論是真實的，蜷縮在欲望編織的世界中，而不敢面對客觀世界！

人們需要面對兩個世界，一個是腦海中的世界觀，

另一個則是外部的客觀世界，如何處理兩個世界之間的關係？當人們腦海中的世界觀與外部客觀世界保持一致時，人們能夠做到絕對的理智和客觀，這便是中國傳統哲學追求的「知行合一」。如果兩個世界出現脫節，人類的認知便會出現問題。

現代理論無法解釋金融危機，因為金融危機的本質是認知問題，金融危機爆發之前，能夠滿足人們需求的理論在社會中廣泛傳播，而那些能夠反映客觀世界真實面貌的理論，則因為無法滿足人們需求而遭到忽視。每個人都帶著一副無形的偏色眼鏡，過濾掉了切實反映客觀世界的理論，而只留下滿足自己需求的理論！

花拉子模是中亞古國，最終被蒙古人消滅，據說花剌子模的國王有一個習慣，當信使帶來了壞消息，就會被國王丟出去餵老虎，而當信使帶來了好消息，就會獲得晉升。當我們嘲笑花拉子模的國王時，我們自己又何嘗不是如此！然而，人們並不會去反思這個問題，因為無形的偏色眼鏡存在於人們的潛意識裡，人們根本沒有察覺它的存在。

當金融危機爆發，金融產品價格出現暴跌，人們損失慘重，再也不相信這些能夠滿足人們需求的理論，此時的人們恢復了理智，能夠對金融危機做出客觀的分析和評價，解釋金融危機形成的原因等等。然而，當下一次金融危機來臨時，人們依然會陷入其中，重蹈覆轍！人類根本無法在歷史中吸取教訓，因此金融危機已經同潮起潮落一樣，成為了人類社會發展的固有規律！

當所有人都陷入瘋狂時，如何才能保持冷靜？克制欲望是唯一的途徑！欲望扭曲了人們腦海中的世界觀，將人們置於一個虛假的世界中，然而人們對此卻全然不知！

當我們能夠克制自己心中的欲望時，反而顯得與這個世界格格不入，當人們瘋狂時選擇了冷靜，但是在瘋狂的人們看來，這種行為就是「傻」，然而，當金融危機爆發之後，人們才知道什麼是「大智若愚」。

人們無法克制內心的欲望，眼睛上始終帶著一副無形的「偏光眼鏡」，客觀世界中的資訊經過「偏光眼鏡」的過濾之後，在腦海中形成了另一番景象！

第十三章

中國人的思辨

三國時期的袁紹,在他腦海的世界觀中,所有人都應該尊重自己,尊重自己的觀點。世界觀是人們觀察客觀世界的視角,因此與這種世界觀相符的觀點便是正確的,而與這種世界觀不符便是錯誤的。田豐屢次當眾駁斥袁紹的觀點,非常不尊重自己,因此袁紹認為這種行為是錯誤的,將田豐關入大牢。

在學校學習的時候,理論正確性的標準是擁有充分的證據,嚴謹的邏輯。但是,當離開學校進入工作崗位之後卻發現,理論正確性的標準是權威!領導者腦海中的世界觀,定義了理論正確性的標準。

以權威為基礎的文化並不通用，因為不同位置存在不同的權威，每一位領導者腦海中的世界觀彼此不同，同一個問題在不同的權威之下存在不同的答案。許攸在袁紹陣營中不受待見，於是投奔曹操，曹操得知許攸來投，激動的連鞋都沒穿就出門迎接。

　　不同的領導者，腦海中的世界觀彼此不同，評價對錯的標準也會不同，因此不同的組織，文化也會彼此不同，這其實就是我們經常提及的「企業文化」，接下來我們要討論的就是：不同的領導者會對企業發展帶來什麼影響！

　　在學校中，人們討論問題的時候能夠保持絕對的客觀與理智，通過對歷史的研究和分析，總結了大量的經驗。然而，學術與實踐之間始終有一條難以逾越的鴻溝，其中的原因與金融危機相類似，回顧歷史，人們能夠保持絕對的理智和客觀，但回到現世，當人們親身經歷金融危機時，便難以保持理智與客觀。

　　人們在歷史面前是旁觀者，因此能夠保持絕對的

客觀與理智。但在現世中，人們是參與者，當篩選外部資訊時，更傾向於選擇那些滿足自己需求的理論，排斥那些無法滿足自己需求的理論，於是在不知不覺中，人們便形成了對客觀世界偏見。

其實先哲們早就發現了這一點：「良藥苦口利於病，忠言逆耳利於行」，「親賢臣，遠小人」等等，這些話都是在規勸人們。但由於東西方的表達方式不同，無法直白的表達出這種現象，以至於中國的傳統哲學出現了斷層。

建立在權威之上的文化，領導者自身的喜好決定了內部文化正確與錯誤的標準，這種文化左右了企業內部人員的思想和行為。

1449年7月，瓦剌大軍南下進攻大同。明英宗朱祁鎮御駕親征，在土木堡與瓦剌大軍交戰。明軍指揮混亂，主動出擊後又班師，受到瓦剌軍隊夾擊大敗，明英宗朱祁鎮被俘。

瓦剌大軍南下進攻明朝的時候，大臣們認為這是常見的邊境衝突，然而消息傳到宮中，大太監王振不懂軍事，以為明英宗禦駕親征就可以將瓦剌大軍嚇走，於是慫恿英宗親征，讓英宗效仿宋真宗親征的榜樣，英宗被說服，幻想著像其曾祖父成祖那樣數入漠北建立赫赫軍功，便不與大臣們商議，做出親征的決定，並宣佈兩天後立即出發。

　　明英宗擁有絕對的權威，聽信了王振的話，對眾大臣的諫阻，一句也聽不進去，非要親征不可，明朝大軍在沒有充分準備的情況下開赴戰場。此次出征，準備倉促，組織不當，大軍出發不久，軍內自相驚亂，未到大同，軍中已經乏糧。不斷有人死亡，僵屍鋪滿了道路。

　　倉促出征的結果，英宗被俘，20萬軍隊被擊潰，王振死於亂軍之中，從征的數十位文武大臣幾乎全部戰死沙場。

　　現代教育追求的是知識，掌握的知識越多，學歷

越高,越權威。但是,無論人們掌握多少知識,然而在進行決策的時候,人們依然傾向於選擇那些能夠滿足自己需求的理論。知識水準與決策水準之間並沒有相關性。學歷和權威,只代表說服力越強,能夠將更多的人說服,可以掌控人們腦海中的世界,控制人們的邏輯和思維。而決策能力強,代表「變現」能力強,能夠把腦海中浮現的畫面在客觀世界中變為現實!

說服力強的人未必決策力強,龐氏騙局說服了很多人,但人們的資金血本無歸,決策力強的人,未必說服力強,戰神韓信起初投奔項羽和劉邦時,都不被重用,若不是蕭何慧眼識珠,恐怕就沒有戰神傳說了。

鑄就說服力,成為現代教育的主要發展方向,然而教育體系出來的學者,在決策力水準上偏弱,學術與實踐之間,總是有一條無法逾越的鴻溝,如何才能跨越這條鴻溝呢?提升說服力與提升決策力水準,兩條道路完全不同,在象牙塔中不斷學習,增加學歷,提升權威和說服力,但卻無法提升決策力水準,反而還

會因為學歷和說服力的不斷增加，影響範圍越來越廣，導致欲望逐漸增加，將自己吞噬，「仗義每多屠狗輩，負心多是讀書人」。

乾隆皇帝下江南，來到鎮江的金山寺，看到大江東去，百舸爭流，於是問當時的高僧法磐：「長江中船隻來來往往，這麼繁華，一天要過多少條船啊？」法磐回答：「只有兩條船。」乾隆問：「怎麼會只有兩條船呢？」法磐說：「一條為名，一條為利！」

「欲望」是人類觀察世界的天生視角，人類所有的行為都跟隨著欲望前進，就像食物會吸引動物一樣。人類根據食物對動物的吸引力佈設了各種陷阱，同樣也會根據欲望對人類的吸引力來佈設陷阱。欲望就像魚鉤上的魚餌，無法克制自身的欲望只能任人擺佈！

欲望支配了人們的思想。人們在篩選外部資訊時，完全根據自己的需求進行篩選。如果我們留意四周就會發現，幾乎所有的理論都在圍繞人們的需求進行，因為只有滿足人們需求的理論，才能夠將人們說服！

欲望使人們對客觀世界產生了偏見。然而，客觀世界並不會朝著人類欲望的方向發展！那麼，客觀世界會朝什麼方向發展呢？

在動畫片中，我們經常看到這些場景：人們的腦海中存在兩個惡魔，一個代表邪惡，另一個代表正義。人們在決策時，兩個惡魔相互爭鬥，這個過程便是人們腦海中的思辨過程。然而，絕大多數人的腦海中不存在這個思辨過程，因為人們的思想早已被欲望支配！

世界之中的各種騙局令人防不勝防，然而萬變不離其宗，絕大多數騙局都是根據人類欲望設置的，欲望挾制了人類觀察世界的角度，使人們喪失了客觀與理智，根本無法觀察到事物的全貌！為了防止欲望對人類造成誤導，我們需要在腦海中引入另一個「惡魔」，而這個「惡魔」便是「道」！

「道」是什麼，是客觀世界的運行規律？但是這種描述並不算貼切。同一件事，因為觀察的視角不同，人們會得出不同的結論，某一個國家的英雄，在另一

個國家人民的心中可能是惡魔，雖然是同一個人，但由於人們觀察的視角不同，就會得出不同的結論。在同一個客觀世界，人們之所以充滿了爭論，完全是因為人們觀察客觀世界的視角不同。如果人類觀察客觀世界的視角一致，就能夠得出相同的觀點和結論。

我們生活的社會存在大量的理論，這些理論塑造了人們腦海對客觀世界的印象，指導人們在客觀世界中的行為。雖然不同的理論在人們腦海中塑造的世界觀不同，然而歷史卻是唯一的，客觀世界就像是理論的試金石，所有的理論都會在客觀世界中接受檢驗。「道」的本質便是站在歷史的角度去觀察世界！

雖然思辨這個詞語來源於西方，但中國人的腦海中一直存在著思辨：一邊是「欲望」，一邊是「道」，人們總是在左右斟酌。然而，中國的古籍文獻中只記載了「道」，而沒有記載「欲望」，因為「欲望」是人類天生視角，而「道」則是先哲們智慧的結晶！

雖然思辨來源於西方哲學，但在如今的西式教育

中，我們並沒有發現思辨的痕跡。人們更期望於設計一種能夠準確描述客觀世界的理論，可以通過理論預測未來世界的發展趨勢。這種方法在自然科學領域取得了成功，人們可以依據理論預測炮彈的落點、預測太空梭的軌跡、預測天氣等等，人們將理論資料導入電腦，甚至可以類比和預測核反應。鑑於自然科學的成功運用，人們希望將這種方法移植到社會科學領域。

至少現在看來，這種方法在社會科學之中的嘗試並不是很不成功！在自然科學中，人類是旁觀者，並不參與反映的過程，如果理論能夠切實反映客觀世界，理論描述的場景就能夠在客觀世界中重現，如果理論無法切實反應客觀世界，理論描述的場景便無法在客觀世界中重現。然而在社會科學中，人類成為了參與者，社會科學追求的再也不是能否在客觀世界中重現，而是能否將人們說服！

第十四章

理論的 BUG

　　社會科學就像是一個大型的理論池,存在理論的生產者和使用者,理論生產者在理論池中挑選合適的理論,將理論進行組合和打包,在社會中推廣。使用者認為理論滿足了自己的需求,便接受了理論塑造的世界觀。

　　推廣理論的目的是為了滿足自身需求,人們被理論說服,同樣是因為理論滿足了自己的需求。既能夠滿足自己的需求,又能夠滿足對方的需求,這樣的理論可謂是兩全其美。然而,表面上看起來完美無缺的理論,卻存在一個巨大的 BUG!

1990 年英國加入歐洲匯率機制,無論是理論的推廣者,還是需求者,所有人都認為沒有問題,理論十分完美。然而卻被索羅斯找到了 BUG,成功狙擊英鎊,導致英國退出了歐洲匯率機制。

為什麼只有索羅斯發現了這個 BUG?這其實又回到了我們討論的那個話題,就算理論說服了所有人,但並不意味著理論就是正確的,因為理論還要在客觀世界中接受實踐的檢驗!能夠將人們說服的理論,未必能夠經受實踐的檢驗!

只要理論能夠滿足需求,而且在邏輯上不存在問題,絕大多數人就認為這種理論是正確的。但是,索羅斯與眾不同的地方在於,他對經濟的發展歷史展開了研究,整個研究過程均被記錄在其著作《金融煉金術》中。能夠切實反映客觀世界的理論,只是因為無法滿足人們的需求而遭到了人們的忽視!

「道」的本質,便是站在歷史的角度去觀察世界!雖然理論說服了所有人,但是從歷史的角度來看,理

論描述的場景無法在客觀世界中成為現實！然而，在絕大多數人的腦海中，人們並沒有建立從歷史角度觀察世界的視角，由於沒有思辨過程，只有邏輯合理，能夠說服人們的理論便是正確的！

雖然很多人認為哲學無用，但恰恰是哲學，幫助人們發現了客觀世界的真實面貌。索羅斯非常喜歡哲學，而且是哲學家波普爾的學生。人們只是生活在理論塑造的虛假世界中，只有哲學才能夠幫助人們撥開迷霧！

但是，人們在學習哲學的時候很容易「走火入魔」，枯燥、無味、生澀難懂，最關鍵的是毫無用處，因此很多人都認為哲學無用，造成這種現狀的根本原因在於：人們並沒有找到哲學正確的打開方式！哲學的研究物件是人類的認知，然而現代哲學研究的卻是各種各樣生澀難懂的理論！關鍵研究這些東西根本沒用，對於提升認知沒有任何幫助！

哲學其實很簡單，建立一種從歷史角度觀察世界

的視角,再加上人類被欲望掌控的天生視角,兩個視角共同來觀察世界,在腦海中進行思辨!但是人們對思辨存在誤解,以為兩個截然相反的觀點就是思辨,其實不然,同一件事物,在不同的視角觀察會得到不同的結論,人們不斷變換視角,得出不同的結論,結果成為了詭辯!人們進行詭辯,只是為了將對方說服,然而,我們可以將對方說服,但卻無法說服客觀世界!與客觀世界脫節,淪為了紙上空談,是當代哲學沒落的最主要原因!

第十五章

沙丁魚罐頭

在加拿大的蒙特利,不知道什麼原因,沙丁魚突然在傳統水域消失,沙丁魚的價格開始快速上漲,沙丁魚罐頭的價格也開始飆升,一位交易員為了犒賞自己,打開了一份沙丁魚罐頭吃了下去,結果卻因此住進了醫院。他去找沙丁魚罐頭的賣家說罐頭有問題,但賣家說:這沙丁魚罐頭是用來交易的,而不是吃的!

沙丁魚突然在傳統水域消失,對於沙丁魚罐頭廠家而言,他們也希望沙丁魚罐頭價格上漲,對於經紀商而言,他們同樣希望沙丁魚罐頭價格上漲,對於參與沙丁魚罐頭交易的人而言,他們也希望價格上漲。唯一不希望價格上漲的人,是喜歡吃沙丁魚罐頭的人!

沙丁魚罐頭價格上漲的理論迅速在社會中傳播，沙丁魚罐頭的廠家、經紀商、交易員紛紛被說服，為了獲取更多的利潤，開始惜售、囤積罐頭。但是對於那些愛吃沙丁魚罐頭的人而言，價格上漲增加了他們的經濟負擔，因此開始減少購買罐頭的數量。

　　現在我們討論沙丁魚罐頭的視角，就是歷史視角，邏輯沒有受到欲望的干擾。如果我們身處沙丁魚罐頭的交易現場，到處都是火爆的交易，沙丁魚罐頭的價格不斷上漲，買到就是賺到，財富自由近在咫尺，此時的我們很難保持冷靜，根本無法壓制內心的欲望，迫不及待的參與交易！「當局者迷，旁觀者清」便是這個道理，就算學富五車，在此情此景之下也難以克制自己內心的欲望！

　　哲學與知識完全不同，知識研究的是理論，而哲學研究的則是認知！中國的傳統哲學其實就是一種修養，讓自己保持客觀與冷靜，即使身處局內，依然如此，不被欲望迷惑，能夠看清事物的本質和全貌。現

在的教育注重理論而忽視了認知，身處局外，人們能夠保持理智和客觀，一旦置身於局內，理智和客觀便蕩然無存！

現在我們能夠客觀冷靜的分析沙丁魚罐頭事件，對人們來說並不是難事，真正困難的是，當我們身處沙丁魚罐頭暴漲的環境之下，依然能夠客觀和冷靜的分析。欲望讓人們難以克制內心的瘋狂，只有克制了欲望，才能保持冷靜，不被理論編織的虛假世界所迷惑！

當人們身處沙丁魚罐頭的交易現場，就會被瘋狂的氣氛感染，被沙丁魚罐頭價格不斷上漲的理論說服，開始籌措資金參與到交易之中。人們無法克制自己內心的欲望，選擇相信沙丁魚罐頭的價格不斷上漲的理論，參與到交易之中。現在我們克制自己的欲望，站在局外去觀察這件事。

沙丁魚罐頭價格上漲的原因是什麼？其實人們根本不在乎原因是什麼，只是相信價格會上漲，原因只

是冠冕堂皇的理由,因為人們的認知早已被欲望支配。當我們站在局外,沙丁魚罐頭上漲的真正原因,其實是價格上漲的理論在社會中廣泛傳播,越來越多的人被說服,越來越多的人和越來越多的資金參與到交易之中,推高了沙丁魚罐頭的價格。因此,沙丁魚罐頭價格不斷上漲的前提條件是:理論在社會中不斷傳播,能夠說服更多的人參與交易!

隨著沙丁魚罐頭價格的不斷上漲,食用罐頭的人越來越少,參與交易的人越來越多。此時的沙丁魚罐頭已經不是食品了,而是類似於股票性質的金融產品。此時我們需要反思一個問題,面對沙丁魚罐頭高昂的價格,是罐頭內在價值的表現嗎?很多人認為理論所反映的就是客觀世界的真實面貌,然而事實卻是,人們編織了相應的理論來適配這種現象。廉價的沙丁魚罐頭與昂貴的沙丁魚罐頭,哪一個營養價值更高呢?人們更願意相信昂貴的沙丁魚罐頭營養價值更高,難道不是嗎?人們生活在理論塑造的世界觀中,但這是客觀世界的真實面貌嗎?

理論在社會中不斷傳播，說服了越來越多的人參與交易，罐頭的價格不斷上漲！因此，罐頭價格上漲的根本原因在於理論的傳播，如果理論無法說服更多的人參與交易，罐頭的價格將會難以維持！於是問題出現了，當所有人手中都持有罐頭，期待以更高的價格賣給下一個人時，而買罐頭的人遲遲沒有出現，怎麼辦？為了能夠將手中的罐頭賣出，人們只能更加賣力的推廣理論，希望能夠吸引更多的人來購買罐頭！此時，離奇的一幕發生了，雖然罐頭的價格已經開始下跌，然而幾乎所有的理論仍在強調：罐頭的價格將會上漲！罐頭的價格真的會上漲嗎？此時，人們所面對的是倉庫內堆積如山的罐頭，那些喜歡食用這些罐頭的人，也早已因為價格太高避而遠之，此時的罐頭價值幾何？

　　此時我們發現，沙丁魚罐頭的交易已經演變成為了擊鼓傳花遊戲，一旦罐頭落到自己的手中，無法賣給別人，基本就砸在手裡了，因為這些罐頭一文不值！回顧沙丁魚罐頭的投機事件，雖然表面上是一個金融

問題，但本質卻是一個認知問題。

　　沙丁魚罐頭的價值究竟幾何？這裡引用王陽明的對話「天下無心外之物」：無論沙丁魚罐頭在客觀世界中價值幾何，只要被說服，人們就願意為沙丁魚罐頭買單，因為人類的邏輯和思維在腦海中，而不是在客觀世界中，腦海對罐頭的印象決定了罐頭的價值！這就像荷蘭鬱金香金融泡沫之中的水手，鬱金香投機最火熱的時候，一株鬱金香的價格足以買下一棟豪宅，然而一個剛到荷蘭的水手將類似於洋蔥的鬱金香球莖吃了，然後就被人們扭送到了法庭，在法庭上，水手得知自己吃掉的洋蔥價值一棟豪宅，忍不住在法庭上大聲叫喊：荷蘭人是不是腦袋有問題，願意花這麼多錢購買一個洋蔥！

　　鬱金香同沙丁魚罐頭一樣，對於它們的價值，「信則有，不信則無」！他們本來就是普通的事物，但在特定的環境之下，特定的理論在社會中廣泛傳播，越來越多的人被說服，相信這些商品的價格將會上漲，

人們紛紛買入，商品的價格不斷上漲。商品價格上漲的基礎是人們不斷的被說服，如果無法說服更多的人，商品的價格將難以維持。最終人們都面臨相同的局面：手中握有大批的商品，賣力推廣理論，試圖說服更多的人參與交易，不讓自己成為擊鼓傳花遊戲中的最後一名！風波過後，商品的價格回到了從前，從始至終，商品並未發生任何變化，唯一變化的只是人們對產品的印象！此時，我們可以引用慧能六祖的菩提偈：「菩提本無樹，明鏡亦非台。本來無一物，何處染塵埃。」

近些年來的黃龍玉、金融茶、酸棗核等等，這些產品都在較短時間內出現了劇烈的價格波動，最終，這些商品的價格又回歸了常態。無論是金融學，還是經濟學，都無法對這種現象做出完美的解釋，因為這種現象的本質是認知問題！

「橫看成嶺側成峰，遠近高低各不同。不識廬山真面目，只緣身在此山中」。客觀世界之中的事物，觀察的角度不同，得出的觀點和結論也會不同。不知

大家有沒有發現，中國的傳統哲學始終在以一種固定的視角觀察世界。佛家將這種視角稱為「空」，道家將這種視角稱為「無」，先哲將這個視角稱為「出世」。《道德經》以及古代的兵書，所有的觀點均出自這個視角。人們無法理解《道德經》，只是因為沒有找到合適的視角去觀察世界，《道德經》能夠引發人們的共鳴是因為：當人們站在相同的視角時，就會得出相同的結論。

人們不理解「道」，只是因為人們在觀察世界的時候，永遠站在自己的視角之內，能夠滿足自己需求的理論便是正確的，無法滿足自己需求的理論便是錯誤的！這是人類觀察世界的先天視角，中國的傳統哲學努力幫助人們建立一個後天視角：從歷史的角度去觀察客觀世界，而不被欲望迷惑，成為世界的旁觀者！因此，中國的哲學修行追求出世，脫離凡塵俗世，不被世俗困擾。但這種態度被很多人誤解，認為這是消極避世。其實，很多事情只有站在局外的人看得最清楚，中國歷史中的高人，往往都是世外！

社會中存在的問題,很多並不是知識和理論能夠解決的,但現在的教育被禁錮在了知識與理論的範圍之內,相較於中國的傳統哲學,這是進步還是退步?或許是中國近代的屈辱史導致了文化自卑,教育系統全盤西化的同時,也丟掉了中國傳統哲學的精髓。現在的國學只剩下了軀殼,國學的靈魂是觀察客觀世界的視角。

第十六章

古老的創新

共用經濟理論的概念最早起源於 1978 年美國伊利諾大學教授的論文，隨著互聯網的不斷發展，發展共用經濟的條件逐漸成熟，2010 年，Uber 在三藩市正式推出第一款 App，隨後陸續進駐全球各個國家。2016 年 6 月，昆明成為 Uber 在中國進駐的第 60 座城市，此時的 Uber 已經覆蓋全球 70 個國家和地區的 400 多座城市。

擁有成熟的理論和案例，共用經濟理論非常具有說服力，在中國境內迅速傳播，受到投資基金的青睞，2016 年下半至 2017 年一季度，共用單車投放量超過 400 萬輛，超過 20 多家共用單車企業共存，融資超過

30 億元。但是到了 2018 年 3 月，2016 年融資排名第三的小鳴單車宣告破產，之後共用單車企業陸續倒閉，市場頭部的 ofo 也未能倖免，大量用戶的押金無法退還，不計其數的共用單車淪為了垃圾。

很多人認為共用單車是創新，但在中國傳統哲學視角下，完全是倒反天罡。共用單車的發展軌跡與沙丁魚罐頭、鬱金香等理論有許多相似的地方。理論在社會中傳播，在人們腦海中塑造未來世界的模樣，將人們說服，吸引人們投資。最終的問題也是相同的，最後的接盤者面對的是遍佈街頭的單車，然而這些單車能夠創造多少價值？

從始至終，共用單車都是一場說服力遊戲、天使輪、A 輪、B 輪、C 輪、D 輪，最終在交易所上市，形成完整閉環。表面看來這場遊戲沒有任何問題，但問題是共用單車企業根本無法自持，無法獨立生存，只能依靠不斷的說服才能將遊戲進行下去。

中國有句古話：有錢能使鬼推磨！為了能夠將投

資基金說服，共用單車企業也是煞費苦心，要什麼資料做什麼資料，沒有花錢解決不了的事，註冊使用者資料、有效使用者資料、活躍使用者資料等等，為了拿到滿意的資料，在中國境內展開了一場前所未見，曠日持久的燒錢補貼大戰，得到了非常具有說服力的資料，在耗盡最後一絲力氣之前，一定要拿出足夠說服力的資料，將手中的花傳遞給下一個人！

共用單車的發展，從始至終都非常符合邏輯，所有的資料也符合理論，但就是無法在客觀世界中落地，不具備造血功能，只能依靠投資生存，如果無法說服下一輪投資，專案就會癱瘓，與擊鼓傳花遊戲並沒有什麼區別。

這與剛開始提到「術士」的手法非常相似：讓人們得到他們想得到的資訊！人們能夠得到的資訊都在證明這個專案完美無缺，投資這個項目絕對沒錯。為了達到這個目的，利用補貼、水軍、托、黃牛等方法，製造虛假的資訊，將人們置於一個虛假的世界觀內。

我們經常在網路上看到：某某網紅店前面排隊的顧客長達數百米等等。這是創新嗎？我怎麼感覺這是一種非常古老的手法！利用資訊不對稱在人們腦海中塑造一個虛假的世界觀，將人們的認知封閉其中，影響人們的邏輯和思維。

人們的思維模式屬於一元思維，只要能將人們說服，人們就相信這是真實的，因此這些理論將所有的精力都用在了如何將人們說服上，最近興起的互聯網思維，其本質就是利用資訊不對稱，把所有對自己有利的資訊傳遞給人們，對自己不利的資訊隱藏起來。網紅店只會告訴人們：是自己產品的品質吸引人們排隊，而不是自己花錢雇人排隊！我十分不理解的是，為什麼互聯網思維被稱為創新，這是一種非常古老的手段。

1815年滑鐵盧戰役，南森‧羅斯柴爾德提前知道了拿破崙戰敗的結果，比英國官方信使至少快48小時。當時的媒體傳播假消息稱英國戰敗並拋售國債，引發市場跟風拋售，實際上，南森大量買入。等到英國戰

勝的消息傳到英國境內，驚慌失措的投資者空翻多，統一公債價格也由跌轉漲。兩年多的時間，價格漲幅超 40%。

一元思維存在的最大問題是：人們的邏輯完全建立在自己得到的資訊之上，如果得到資訊證明這件事是正確的，那麼這件事就是正確的。所以，鬱金香事件、沙丁魚罐頭、共用單車等等，這些事件在邏輯上不存在任何問題！但是，為什麼邏輯合理的事情無法在客觀世界之中成為現實！這是因為，邏輯只是在人們的腦海中進行，而人們腦海中的世界與客觀世界並不相同！為了避免這種情況的發生，我們就需要引入二元思維。二元思維並不是尋找兩個相反的觀點，而是在一元思維的基礎上，建立觀察世界的另一個視角！

現在我們從歷史的角度來觀察共用單車事件。理論能夠在社會中廣泛傳播，需要滿足人們的需求，共用單車的補貼大戰，目的就是為了滿足投資基金的資料需求，只有能夠領先於同行，才能得到投資基金的

青睞。峨眉山中的猴子，想要生存，需要學會攀爬技巧、懂得尋找食物、躲避天敵等等，但是有一天，猴子被抓進了動物園，猴子發現只要學會翻跟頭，而且翻得越多，食物就會越多，於是猴子們開始爭先練習翻跟頭。如果沒有了遊客，將這些猴子重新放歸山林，這些猴子還能生存嗎？

　　我感覺這與應試教育非常相似，老師出了一套試卷，所有的同學坐在一起考試，能夠得到最高分的便是優秀的學生。只不過在共用單車事件中，老師變成了投資基金，給所有的共用單車企業出了一份試卷，誰的資料最好，誰就能夠獲得投資！但是，最後我們發現：真正考驗學生的不是老師，而是外面的客觀世界！於是在客觀世界面前，共用單車企業紛紛敗下陣來。這是不是現代教育的現狀？

　　在學校中，老師主宰了我們的命運，只有努力學習才能夠改變命運，這是學校中的規則。到了單位，領導主宰了我們的命運，只有努力工作才能夠改變命

運,這是單位的規則,人生就像是一場又一場的考試,每次都是不同的試卷。人們已經習慣了這樣的生活,絲毫沒有察覺到:還有一股無形的力量在左右我們的命運!

第十七章

不言之教

　　中國有句古話：人在江湖，身不由己。絕大多數人根本無法按照自己的想法而活，只能接受外部的安排來換取生活所需，但那些站在權利頂端，安排我們的人就能夠按照自己的想法生活了嗎？其實，無形的理論不僅在影響著我們，也同樣影響著他們！

　　現在的教育總是鼓勵孩子們勇敢的把心中的想法表達出來，然而等我們步入社會，參加工作之後才知道，很多事情只能夠心裡明白，但就是不能講出來！每個人的命運都被深度綁定在了自己所在的團體中，權威決定了團體內部的文化和發展方向，身在其中的我們必須無條件的服從，不能有任何質疑。然而，當

我們從歷史的視角去觀察世界時就會發現：團體本身也在客觀世界中接受實踐的檢驗！

此時便產生了一個問題：當我們從歷史的視角去觀察世界，如果領導的決策能夠讓團隊發展壯大，作為團隊的成員肯定是無比高興，個人命運與團體命運相一致，團隊凝聚力增強。如果領導的決策會讓團隊陷入困境，作為團隊的成員雖然無可奈何，但是如果有機會離開團隊，可能就會離開，人心離散。

《三國演義》中，曹操刺殺董卓失敗，被迫逃離洛陽，途中被陳宮抓獲，陳宮非常欣賞曹操的作為，棄官追隨曹操。兩人結伴偶遇故人呂伯奢，呂伯奢吩咐家人殺豬款待二人，自己去西村買酒，但曹操誤以為呂伯奢家人磨刀是準備謀害自己，殺害了呂氏一家八口。逃離途中遇到了買酒歸來的呂伯奢，因為擔心被呂伯奢告發，揮刀砍死呂伯奢。氣憤的陳宮不齒曹操所為，毅然離開。

陳宮當時是縣令，為了一個通緝犯放棄穩定的鐵

飯碗,完全不符合邏輯!中國的文化其實是由兩部分組成,一部分顯而易見的,建立在權威基礎之上的文化,另一部分則是深藏在人們心中,看破而不說破的文化,這種文化便是從歷史的視角去觀察世界。

東漢末年,董卓趁亂奪取軍政大權,然而他性格殘暴,經常派遣手下士兵四處劫掠,社會民怨沸騰,冤獄遍地。董卓在當時擁有絕對的權威,任何人都應該無條件服從他的命令。然而董卓性格殘暴,人人自危。雖然在權勢的威逼下,人們服從董卓,然而在內心深處,人們卻對董卓深惡痛疾,總是在想辦法除掉他。

曹操利用董卓對其的信任,懷揣七星寶刀,準備趁董卓熟睡的時候行刺,然而董卓突然驚醒,此時寶刀已經露出,曹操靈機一動,單膝下跪將寶刀獻上。董卓一臉懵,稀裡糊塗的接受了寶刀,曹操迅速離開。後來董卓得知曹操逃跑,才知道當時是在試圖行刺自己,於是下令通緝曹操。後來王允利用貂蟬的美色去誘惑董卓,然後讓呂布和董卓反目成仇,然後借助呂

布之手除去董卓。除此之外,各地方群雄也起兵討伐董卓,推舉袁紹為盟主,共計 18 路諸侯。

此時的董卓應該很鬱悶,好不容易爬上了權利最高峰,但周圍的人都在算計自己、與自己作對!歷史中擁有這樣境遇的人不在少數,為什麼會造成這樣的局面?擁有這樣境遇的人大致都有著相同的經歷,在沒有獲得權利之前,任勞任怨,遵守各種規章和制度,各種事情都處理的非常好,而且非常迎合上級的喜好,深受上級的喜歡。在入世文化層面,這些人的水準很高。入世文化是建立在權威之上的文化,當這些人站在權利頂峰時,已經是入世文化的頂峰了,因此認為可以為所欲為!

俗話講:「天外有天,人外有人」。權利的頂端只代表了入世文化的頂端,但入世文化存在局限性,只存在於權威的勢力範圍之內!而客觀世界中的所有事物都在按照其自身規律運行,哪怕入世文化也是如此。但是這種規律只有站在歷史的角度才能夠觀察得到,

人們將這種規律稱為「道」！出世文化是一種隱文化，只有站在歷史的角度才能夠觀察到，人們觀察不到它，並不代表它不存在，而且它還在時時刻刻影響著客觀世界。中國傳統哲學的核心就是出世文化。

站在歷史的角度來觀察，董卓的作為完全違背了客觀世界的運行規律，這樣的權威無法維持，能夠察覺這一點的人紛紛決定離開，這便是「失道者寡助」！隋末唐初的瓦崗軍，當時的軍事實力足以逐鹿中原，但李密殺害了禪讓給自己首領位置的翟讓，這樣的行為在人們看來是「失道」，這種人不值得信任和託付，雖然身處權威之下的人們不敢說什麼，但在人們心中，已經有了離開的想法，瓦崗軍因此迅速瓦解。

同樣是為了達到目的，出世文化與入世文化最大的不同在於兩者觀察客觀世界的視角不同，入世文化觀察客觀世界是站在自己需求的視角之上，而出世文化觀察客觀世界則是站在歷史的視角之上。

回到現實生活中，我們發現有些人帶團隊，人心

凝聚，目標一致；而有些人帶團隊，則人心離散，一灘爛泥。而且我們無法從現有的理論中找到答案，其實問題就是因為我們忽視了出世文化！

首先，現在最常見的就是成功學團隊，表面上看，這些團隊無論是戰鬥力還是凝聚力都很強，然而這種團隊就像義和團中的戰士一樣，相信自己刀槍不入，在戰場上猛衝猛打，但卻是炮灰，無法成為中流砥柱。

第二種團隊較為常見，遵守各種法規和制度，所有的事情都需要在框架內完成，常見於行政和後勤團隊，所有的任務只需要按部就班的完成就可以，由於團隊內部人員的可替代性強，為了能夠留在團隊，所有成員必須無條件服從公司制度和安排，入世文化是這種團隊的主流文化！

第三種團隊，常見於軍隊、市場開拓部門、技術研發部門等等，因為這些團隊面對的不是權威，而是權威之外的客觀世界，因此主宰這些團隊的文化不是入世，而是出世文化！如果使用入世文化去管理，只

會讓整個團隊死氣沉沉！

當董卓在橫行時，敢於公開反對的幾乎都是武官，而文官往往只能選擇默默忍受，文官側重於「權威」，而武官側重於「道」，兩種文化對企業同樣重要，但現在企業最大的問題是，側重於「權威」而忽視了「道」！創業型的企業文化重「道」，守業型的企業文化重「權」。

雖然西方與東方的表達方式不同，但對「道」卻有著相同的認識，例如「用腳投票」，雖然人們無法表達自己的不滿，但可以選擇離開！經濟學提到市場中存在「看不見的手」，這只手其實就是客觀世界的規律。面對這同一種事物，東西方選擇的處理方式不同，西方學術界一直致力於將規律具體化，希望能夠用理論描述和表達出來。但這種方法遇到了難題，當人們使用理論預測未來的時候，人們只傾向於滿足自己需求的理論，對與那些能夠準確預測的理論，由於無法滿足人們的需求，卻遭到了人們的忽視。所以，

問題的根源並不在於理論,而在於人類的認知!

東方思想並不強調理論,但卻強調個人對客觀世界的理解和認識,除了從自己需求的角度來觀察世界,還需要從歷史的角度來觀察客觀世界。因為人們對客觀世界的理解和認識不同,因此對於同一件事情,仁者見仁,智者見智!

出世和入世最大的區別在於:入世文化要講出來,將人們說服,在社會中傳播;而出世文化則是藏在心裡,伺機而動,幫助自己決策,不需要講出來!同樣的世界,在不同人的腦海中會呈現出不同的樣子,入世文化塑造的是別人腦海對客觀世界的印象,而出世文化,塑造的只是自己對客觀世界的印象。銷售理論需要將人們說服,才能夠成功完成銷售,雖然不能切實反映客觀世界,但絕對不允許人們質疑!而科學理論就不一樣,就算遭到了所有人的否定,客觀世界依然在按照其自身的規律運轉,而與人類的意志無關。

在索羅斯的著作《金融煉金術》中,通過對歷史

研究，總結得出《反射理論》。在鬱金香危機中，關於鬱金香的投機理論在社會中廣泛傳播，人們被說服，加入到投機活動中，因此鬱金香的需求增加，刺激價格上漲，價格上漲吸引更多的人參與投資，進一步加劇了價格的上漲，從而吸引更多人參與。此時，我們發現這個過程就像原子彈的鏈式反應一樣，不斷自我加強，自我刺激。這個過程被索羅斯總結為《反射理論》。

學術界發現了某種理論，會在學術期刊上發表論文，然後這些理論會被學者們用來說服別人！但是，對於索羅斯而言，發現理論的目的是為了幫助自己理解客觀世界的運行規律，而不是為了說服別人，索羅斯為此進行了為期數年的實驗，作為旁觀者觀察客觀世界，驗證客觀世界是否在按照理論運行。

客觀世界究竟是怎麼運行的，絕大多數人並沒有自己的主見，只是習慣了接受別人的安排，在家裡接受父母的安排，在學校裡接受老師的安排，工作之後

接受領導的安排等等,人們更習慣於生活在別人編織的世界中,對客觀世界如何運行完全沒有印象。也正是因為這個原因,電信詐騙在中國有著非常多的受害者,人們很容易陷入別人編織的虛假世界中。

出世文化研究的內容,就是如何在自己腦海中建立一種獨立於外界的世界觀。人們天生的世界觀建立在欲望和需求之上,能夠滿足人們欲望的理論被人們視為正確,無法滿足人們需求的理論被視為錯誤,但是這種世界觀非常不可靠,人們很容易被欲望左右,陷入虛假的世界中,所有的騙局都是以人們的欲望作為誘餌!

客觀世界按照自己的規律運行,而與人類的意志無關。但是,人們在篩選外界理論和資訊時,是按照自己的欲望需求進行篩選的,因此導致人們腦海中的世界與客觀世界脫節。為了避免這種現象,需要我們在腦海中建立一種從歷史角度觀察客觀世界的視角。因為只有從歷史的角度觀察世界,我們才不會受到欲

望和需求的幹擾，觀察到客觀世界的真實面貌。因此，出世文化的核心是觀察世界的角度。

父母經常給孩子講大道理，但孩子聽不進去，電視及網路之中的廣告總是在宣揚個性、潮流、時尚等等，這些理論受到孩子的歡迎。因為孩子是在按照自己的需求篩選理論，父母灌輸給孩子的理論雖然「正確」，但卻無法滿足孩子的需求。在孩子看來，父母給自己灌輸的理論就是在「束縛」自己，非常排斥這種行為，因此兩代人之間產生了代溝。

現代社會中國的國學教育基本以失敗告終，沒有產生任何效果，孩子們除了能夠背誦古文之外，沒有起到任何作用！他們依然我行我素，按照自己的需求篩選外部的資訊和理論。所以，國學文化的核心並不是那些古文，也不是聖人的那些觀點，而是觀察客觀世界的視角。國學修行的核心，是幫助自己建立一種從歷史角度觀察世界的視角！

無論學歷有多高，始終都要面對認知問題！學歷

高，代表具有權威，說服力強，能夠將人們說服。而認知水準代表的是處理外界資訊的能力，認知水準越高，越能夠準確處理外界的資訊。通過層層考試篩選，建立了學歷的等級制度和權威，但這種權威能否在客觀世界中經受實踐的檢驗？客觀世界中的檢驗結果，代表的是認知水準，而不是學歷水準。

一直以來，人們都在致力於提高自己的學歷，因為在人們看來，只要能夠將人們說服，就不存在任何問題。但是，將人們說服之後，客觀世界就會按照預想的方向發展嗎？如果是這樣的話，世界就不會存在失望，也不會存在痛苦。但是無論人們如何努力，卻始終無法擺脫失望和痛苦！

第十八章

痛苦的根源

人們喜歡追求幸福，但什麼才是幸福？我們經常在電影中看到主角們住著豪華別墅，開著高檔豪車，人們認為這就是幸福。但有些人住在出租房，騎著電動車上下班，生活依然可以很幸福。人們喜歡使用財富來衡量幸福標準，然而財富並不是衡量幸福的標準。

有一檔名為《變形記》的節目，讓農村與城市的孩子互換，體驗不同的生活環境。其中有一個小女孩，出生在貧瘠的山區農村，父親早逝，母親遠赴他鄉打工，年幼的她與年邁的奶奶和癱瘓在床的大伯相依為命。清晨五點就開始生火做飯，照顧生病的大伯，放學回家還有繁重的家務，直到夜深人靜時，小女孩才

有時間專注於自己的學業。這時候的小女孩雖然艱辛，但對未來充滿了憧憬和希望。

小女孩參加《變形記》節目，交換到繁華都市中的家庭，城市夫婦帶著小女孩逛商場、買衣服、吃牛肉、拍寫真，眼神中充滿了幸福。

《變形記》節目結束，小女孩回到了泥土牆壁、簡陋傢俱的農村，眼神中充滿了嫌棄和不甘，認為自己就像童話裡的灰姑娘，被迫從華麗的城堡回到了貧瘠的農村，心中充滿了不甘和痛苦，開始無理取鬧。

小姑娘的生活本來很平靜，到城市之後大開眼界，平靜的內心開始波濤洶湧，充滿了不甘，因此陷入了無盡的痛苦。還記得「天下無心外之物」嗎？深山之中的花樹，沒有發現之前，在深山中自開自落而無人知。待到發現之後，花樹便在人們的心中生根！雖然小姑娘已經回到了農村，但對城市念念不忘。

抑鬱症成為現代社會最為廣泛的疾病，醫學領域

偏向於藥物治療，但我認為有一部分人是可以通過自我反思來消除抑鬱的，就像小姑娘一樣，生活本來平靜，雖然辛苦但也感受不到痛苦，然而城市之旅就像一顆石子，投入到平靜的湖面之中，心中頓起波瀾，難以平復。 佛說：苦海無邊，回頭是岸。如果小姑娘能夠忘記城市之旅，回歸平靜的生活，然後通過努力來改變境遇。然而對城市的眷戀，讓小姑娘內心充滿了痛苦，渴望改變現狀，但卻找不到出路，焦躁不安、慌不擇路，無法平復自己的內心。

得不到想要得到的東西，是人類痛苦的根源。如果沒有欲望，就不會存在需求和希望，也不會存在痛苦和失望，雖然道理很淺顯，但又有幾人能夠放下自己的欲望？人們被困在欲望編織的虛假世界中，根本看不到客觀世界的真實面貌。

我們在學習數學的時候，先需要輸入資料，然後計算結果。在推理時，先收集資訊，然後分析得出結論。然而這一切只存在於理論之中，在現實生活中，人

們更偏向於選擇相信那些能夠滿足自己欲望和需求的理論,對於無法滿足自己欲望和需求的理論,人們視而不見!因此,人們被禁錮在欲望編織的世界之中!

身處龐氏騙局之中的人們,早已被欲望蒙蔽了雙眼,即使我們拿出足夠的證據證明這是一個騙局,但他們依然置若罔聞,甚至還對我們充滿敵意,認為我們破壞了他們的好事!欲望蒙蔽了人們的雙眼,使人們無法保持理智和客觀。

現在我們回顧一下之前的案例,鬱金香、沙丁魚、次貸危機、黃龍玉、金融茶等等,就算我們擁有詳盡的證據證明這些事物會在將來的某一天出現大跌,人們會選擇相信嗎?在欲望的驅使下,人們根本無法公正和客觀的看待世界。

學術與實踐的最大區別在於,學術研究存在一個假設前提:人是絕對理性的,只要擁有足夠的證據就可以將人們說服,然而現實中的真實情況是:人們被封閉在欲望編織的虛假世界中,即使擁有足夠的證據,

人們也會視而不見。因此，學術與實踐之間總是擁有一條無法逾越的鴻溝。

「少數服從多數」是政治領域永恆的信條，然而這種信條只是建立在入世文化的範圍中，當所有人都認為這件事是正確的時候，這件事就是正確的嗎？金融危機爆發前，所有人都認為股票價格會上漲，不會下跌，但在客觀世界中，金融危機爆發，股票價格開始不斷下跌。人們的認知與客觀世界的真實情況出現了偏差！入世文化研究的是人們的認知世界，而出世文化研究的則是客觀世界，兩種文化觀察客觀世界的視角不同，入世文化觀察客觀世界建立在需求和欲望的視角之上，而出世文化觀察客觀世界則建立在歷史的視角基礎之上。因此同一事件，入世文化和出世文化會給出兩種截然不同的答案。

雖然人們生活在客觀世界中，但邏輯和思維卻在腦海中進行，在篩選外部資訊時，人們更傾向於選擇那些能夠滿足自己欲望和需求的理論。因此，能夠滿

足人們欲望和需求的理論能夠在社會中廣泛傳播。然而，任何理論都存在兩面性，能夠將人們說服是一方面，能夠在客觀世界經受實踐的考驗是另一方面。人們在篩選理論時，注重於理論的第一面，卻忽視了理論的第二面。

上世紀 80 年代起，全國掀起了一股氣功熱潮，1983 年，北京出現了一群服裝怪異，打扮奇特的人，每個人頭上都頂著一個鐵鍋，在地面打坐，閉目養神。這種現象在當時並不少見，這些人也只是普通老百姓，因為當時流行的氣功理論聲稱：通過這種姿勢能夠接收來自宇宙的氣場，可以強身健體，治療各種疾病。人們被說服，按照理論的指引進行練習。

人們被氣功的理論說服，但這樣真的能夠強身健體嗎？對待這個問題，仁者見仁，智者見智，就算我們擁有足夠的證據向人們證明氣功無用，人們會選擇相信我們嗎？如果我們進行勸說，這些人非但不會相信我們，而且我們還會挨一頓胖揍。

能夠切實反映客觀世界的理論，由於無法滿足人們的需求而遭到忽視，人們更喜歡選擇那些能夠滿足自己欲望和需求的理論，但由於這些理論並不能切實反映客觀世界的真實面貌，因此理論描述的場景根本無法在客觀世界中成為現實。於是，客觀世界便以另一種方式呈現在人們的眼前：失望！當人們腦海中的世界觀破滅，便會陷入失望與痛苦，此時所呈現的恰恰是客觀世界的真實面貌！

人們討厭客觀世界，渴望逃離，但卻不得不面對。剛剛走出校園的學生，對客觀世界並不瞭解，他們更願意接受那些能夠滿足自己需求和欲望的理論，沉浸在理論編織的虛假世界中，然而一次又一次的挫折與失敗，開始讓他們認識到客觀世界的真實面貌。隨著年齡的增長，遭受的挫折越多，客觀世界在人們腦海中印象也越清晰。

關於這一點，先哲們也深有體會。「故天將降大任於是人也，必先苦其心志，勞其筋骨，餓其體膚，

空乏其身,行拂亂其所為,所以動心忍性,曾益其所不能。」只有經過痛苦的磨礪,人們才能不被虛假的理論和世界迷惑,準確的做出決定和判斷,幫助自己擺脫困境。

此時,我們最大的疑惑在於:為什麼對客觀世界的理解和認識,無法通過學習獲得?難道只能通過痛苦的歷練,才能瞭解客觀世界嗎?

答案確實是這樣,父母給孩子講大道理,孩子根本不會聽,因為這些大道理無法滿足自己的需求,反倒是那些網路上流行的事物和理論,滿足了孩子們的好奇心和虛榮心,更能夠吸引孩子,而這些大道理被孩子看作是束縛!

世界觀是人類觀察外部客觀世界的視角,能夠滿足這一視角的理論,被人們認為是正確的理論,無法滿足這一視角的理論則被視為錯誤。當父母給孩子們講述大道理時,因為無法滿足孩子的視角,因此被判定為錯誤,孩子並不接受這種理論。因此,改變腦海

中的世界觀，只能依靠自己！

龐氏騙局、酸鹼平衡理論、金融茶、黃龍玉等等，這些理論在人們腦海中塑造了一種世界觀，這種世界觀成為人們觀察客觀世界的視角，與這些理論相符的觀點，被人們視為正確，與理論不符的觀點則被視為錯誤。就算將完備的證據擺在他們面前，他們也會選擇視而不見。生活在客觀世界中的每個人，其實都被禁錮在不同的世界觀內，每個人都在以自己的視角觀察世界，只不過是人們沒有察覺而已。

雖然人們生活在同一個客觀世界之中，但不同的理論在人們腦海中塑造了不同的世界觀，而當人們回顧歷史時，所有人的視角又再次回歸一致！此時我們發現，那些大道理，其實是人們站在歷史的視角去觀察客觀世界所得出的結論。

當我們站在歷史的視角觀察世界就會發現：在特定的歷史時期，某種理論滿足了人們的需求，在社會中廣泛傳播，塑造了人們腦海對客觀世界的印象，人

們按照理論的指引在客觀世界中努力，期望腦海中浮現的畫面能夠在客觀世界中成為現實。然而，理論在人們腦海中塑造的景象與客觀世界並不相同，雖然人們對未來充滿希望，但這種希望註定無法成為現實！只有在迎來失望的那一刻，客觀世界的真實面貌才會呈現在人們面前！在失望與痛苦中，人們認識了客觀世界！

雖然客觀世界是唯一的，但理論在人們腦海中塑造的印象卻繽紛多彩，人們一旦被說服，對客觀世界的理解和認識便會被禁錮在理論編織的世界之中！然而客觀世界依舊在按照自身的規律運轉，而與人類的意志無關。

理解世界，存在兩種視角，第一種角度是從我們腦海的世界觀去觀察和理解世界，這是人類的天生視角，由於每個人腦海中的世界觀並不相同，因此人們彼此之間充滿了分歧與衝突。第二個視角則是站在歷史的視角去觀察世界，這一個是後天視角，中國傳統

哲學在幫助人們建立這一視角。

　　當我們站在歷史視角去觀察客觀世界時就會發現，很多事情其實在一開始就已經註定了失敗，但人們只會站在自己的視角觀察世界，選擇那些能夠滿足自己需求的理論，雖然這些理論在人們腦海中塑造了一個完美的世界觀，但卻註定無法成為現實！然而這一切只有當人們遭遇了失敗，世界觀崩塌時才能夠明白。正所謂：人教人，百教不會；事教人，一次就夠。

第十九章

王婆理論

當我們從歷史的視角觀察世界時,那些社會中廣泛流行的理論,在人們腦海中塑造了一個完美的世界,但其實是坑,人們感覺自己的人生加速,距離夢想越來越近,但其實卻是在向坑底快速滑落,此時的人們感覺那些站在坑邊,不肯入坑的人是傻子。然而當人們滑落坑底,開始往上爬時,才知道是多麼的艱難,開始痛恨當初自己的選擇,但世上根本沒有後悔藥,此時的人們才能體會到什麼是大智若愚!

人們在不斷的挫折與失敗中認識了客觀世界,但是為什麼我們只有在經歷挫折與失敗之後才能夠認識客觀世界?這是因為我們觀察世界的天生視角,將滿

足自己需求的理論視為正確，然而這種天性就像食物對動物的吸引力一樣，很容易被陷阱捕獲！為了避免這種局面，我們需要克制自己的天性，從歷史的視角觀察世界，而不是從需求的角度觀察世界。

欲望是人類觀察客觀世界的天生視角，我們的觀點很容易被自己的欲望左右，導致我們無法理智與客觀的看待客觀世界。但是，如果我們能夠克制自己的欲望，我們就能夠以一種獨特的視角來觀察世界，接下來我們將會去實踐這種視角。

精明的商人能夠準確的抓住人們的需求，美國人羅伯特·楊出版《PH值奇跡：恢復你的健康》，被翻譯成17種語言，在全世界銷售，擁有為數眾多的粉絲。我們來分析下這本書為什麼會這麼暢銷。首先，這本書抓住了人們的健康需求，社會安定，經濟高速發展，人們更加關注於健康；然後就是人們的好奇心，每個人都知道我們的食物有酸性的，也有鹼性的，但就是不知道這些食物與健康存在什麼關係；然後就是便捷

性，當人們生病之後，會花費大量的金錢治病，如果能夠通過飲食預防疾病，這對人們而言，無疑具有非常大的吸引力。這些賣點，奠定了這本書暢銷的基礎。

人們關注的焦點始終都是：這本書能否滿足我們的需求，但人們從來沒有思考過，這本書講述的理論是否是真實的！如果不是美國加州聖達戈法庭判決羅伯特‧楊賠償癌症患者 1.05 億美元，這本書至今依然會很流行。

此時，我為大家揭開了一個細思極恐的現實，我們生活的社會其實存在大量類似的理論，理論設計的目的就是為了能夠在社會中廣泛傳播，這些理論滿足了人們的需求，能夠將人們說服，但理論描述的場景根本無法在客觀世界中成為現實。設計和推廣理論的人，賺的盆滿缽滿，而使用這些理論的人，卻被無情的收割。

這些理論的本質是「局」，就像我們提到的大坑，人們入坑之時，感覺自己的人生開掛，開始加速，夢

想近在咫尺，然而真實的情況卻是在加速向坑底滑落。而那些不為所動的人，看似愚蠢，但實則是聰明人，成功躲過了理論的收割！

因此，我們需要在腦海中建立一種機制，篩選這些「陷阱理論」，保護自己免受這些理論的收割。這些理論存在一個共同特點，就像用食物誘騙動物一樣，會利用人們需求和欲望來誘騙人們。想不想發財、想不想贏在起跑線、想不想實現財富自由、想不想省錢等等，人們只關注自己的需求和欲望，卻從來沒有考慮過：這些理論是否是真實的！

現在的人很勤奮，沒事就會去圖書館看書，然而，看書對人們能力的提升十分有限，還不如證書來得實在，HR在招聘的時候只會問你擁有什麼證書，從來不會問你讀過多少書，因為讀書多少與一個人的能力之間並沒有直接的相關性！這並不是因為讀書無用，而是因為人們沒有掌握合適的方法。

「王婆賣瓜，自賣自誇」，為了完成銷售業績，

即使瓜再難吃，王婆也得使勁誇，不然怎麼才能完成銷售任務。其實我們能夠理解王婆的處境，自誇只是為了完成銷售，理論並不能切實反映瓜的真實狀況，因此這些理論其實是無效的。

我們在學校中學習的所有知識都存在一個假設前提：理論能夠切實反映客觀世界的真實面貌，但這一個假設前提在客觀世界中並不成立，類似於「王婆的理論」在客觀世界中比比皆是，如果人們的邏輯建立在這些虛假的理論之上，最終得出的結論也是不真實的。

既然這些理論是無效的，為什麼「王婆理論」還能夠將我們說服？

經濟學專業畢業的學生會遇到這樣的窘境：即便自己的觀點與著名專家的觀點完全一致，也很難將人們說服，如果學歷不夠，離開象牙塔之後，學習的知識完全派不上用場。只有擁有了足夠的學歷，才具有說服力，才能夠將人們說服！人們在篩選外部資訊時，

除了關注資訊能否滿足自己的需求之外，還會關注另一種事物。

蘇軾遊玩莫幹山時，來到一座寺觀。道士見蘇軾穿著簡樸，冷冷地應酬：「坐！」吩咐道童：「茶！」蘇軾和道士談了幾句，道士見出語不凡，馬上請入大殿，說：「請坐！」吩咐道童：「敬茶！」道士問起蘇軾的名字，蘇軾自謙：「小官乃杭州通判蘇子瞻。」道士連忙起身，恭敬地說：「請上座！」吩咐道童：「敬香茶！」蘇軾離開時寫下了一副對聯：「坐 請坐 請上座，茶 敬茶 敬香茶。」

道士前後態度的變化，皆因一個字「名」！同樣的觀點，在不同人的口中，卻有著不同的說服力，皆因「名」不同。商家喜歡尋找「名人」代言自己的產品，企業家喜歡在名片上羅列各種「名頭」，金融公司喜歡招聘高學歷人才，商人喜歡購買豪車裝點門面，等等。有「名」的人，其觀點和話語更具有說服力！

商家需要銷售產品、政府需要推廣理論、上市公

司需要推銷股票、證券公司需要進行交易、基金公司需要銷售份額等等。為了達成目的，需要設計相關理論，為了確保理論能夠在社會中廣泛傳播，需要具備兩個條件：一是能夠滿足人們的需求，二是擁有足夠的「名」！然而這些理論的本質都是「王婆理論」！

我們身處的社會存在大量的「王婆理論」，這些理論存在的目的只是為了將人們說服，從而達到自己的銷售目的，但是這些理論本身卻是無效的，能夠將人們說服，但卻無法切實的反映客觀世界！如果我們站在王婆的角度其實也會理解：如果不自誇，東西根本賣不出去！因此，這並不是理論的問題，而是我們自己的問題！我們其實更應該反思：為什麼會相信這些理論，為什麼會被這些理論說服！

我們去買瓜的時候，不要聽王婆的「自誇」，而是需要建立自己獨立的判斷方法和標準。如果沒有獨立判斷，命運完全掌握在王婆手中，很容易被王婆割韭菜，如果有了獨立判斷，命運就掌握在了自己手中！

建立獨立思想和判斷非常有必要，因為社會中廣泛流行的理論，大部分都屬於「王婆理論」，這些理論的目的在於將人們說服，塑造的是人們腦海中的世界，並不能切實反映客觀世界的真實面貌，這就導致人們腦海中呈現的場景與客觀世界脫節。人們以為客觀世界會按照腦海中呈現的景象發展，然而客觀世界只是按照其自身的規律發展，而與人類的意志無關。也正是因為如此，人生總是在希望與失望之間不斷搖擺，無法掌控自己的命運。

　　只要存在需求，就會產生相應的產品來解決我們的需求，為了推廣這些產品，就產生了「王婆理論」。這種類型的理論遍佈我們生活的方方面面，當我們被理論說服之後，就會去購買相應的產品。這些產品成功滿足了我們的心理需求，但是在客觀世界中，這些產品又是否成功的滿足了我們的需求？

　　1717 年，法國成立密西西比公司，獲得了法國在北美洲的貿易壟斷權。當時盛傳北美密西西比河流域

擁有大量的皮毛、金銀礦等資源，人們爭相購買密西西比公司的股票，股票價格從 1719 年 4 月的 500 裡弗爾，在半年內漲到了 10000 裡弗爾。當時人們對北美密西西比河流域的印象均建立在法國密西西比公司公佈的資訊之上。直到部分法國人到達北美洲，發現密西西比河沼澤遍佈，根本沒有那麼多物產，法國人腦海中的世界觀崩塌，密西西比公司的股票價格難以為繼，開始暴跌。

法國密西西比公司的股票究竟價值多少錢？雖然在客觀世界中，這家公司的股票並不值錢，因為密西西比河流域還未開發，並沒有什麼物產。但是，在人們腦海對密西西比流域的印象裡，這裡擁有大量的皮毛和金銀礦產。

「王婆理論」將不值錢的股票成功以高價賣出，密西西比公司因此大賺特賺。怪不得人們總是說：富在術數，不在勞身。人們還期望通過《K 線理論》、《價值投資理論》等等來預測未來股票的走勢，然而人們

對客觀世界的印象都是虛假的，怎麼可能成功預測未來的走勢！科學理論完全以客觀世界作為標準，就像王婆賣的瓜，好的就是好的，壞的就是壞的。但是作為王婆而言，理論的目標是成功完成銷售，無論瓜是好是壞，在理論的描述中，所有的瓜都是好的。

如果人們質疑王婆的理論，無疑會對王婆的銷售造成影響，為了避免對銷售造成影響，王婆會竭盡全力，採用各種方法阻止人們進行質疑。因為理論與銷售直接掛鉤，絕對不允許人們進行質疑，只有確保理論的絕對正確，銷售才能夠正常的進行。

當我們在玩遊戲的時候，做出了錯誤的選擇，就會遭遇失敗，然後我們不斷修正操作，直到能夠正確的通過遊戲關卡。在探索客觀世界時，我們同樣會遭遇失敗，然後不斷修正理論，直到理論能夠切實反映客觀世界，人們在探索客觀世界的時候，科學理論也在不斷進化，一旦人們發現原有的理論不適用，就會對理論進行修正。這就像萬有引力、慣性定律等等這

些理論在宏觀環境中適用，但在微觀環境中卻會失效，因此人們再次開始探索，發現了適用於微觀環境的量子力學。

　　反觀「王婆理論」，為了完成銷售，不允許人們進行質疑，也無視客觀世界的真實情況，通過理論將人們封閉在一個特定的世界觀中。因為只有處在這個世界觀中，自己的產品才能順利完成銷售。與科學理論相反的是，科學理論處在不斷的進化之中，而王婆理論則保持固定不變，即便外部客觀世界與王婆理論呈現出巨大的差異。這就像金融危機中，股市開始不斷下跌，王婆理論依然在強調股市將會上漲。如果不這樣強調，自己的產品根本賣不出去！因此，王婆理論是一種單向理論，在金融市場中，理論可以解釋價格上漲，但卻無法解釋價格下跌，整個金融市場中幾乎找不到唱空的理論！雖然人們在歷史中能夠保持客觀與理智，暢所欲言，但回到客觀世界中就會發現，有些話可以講，有些話不可以講。講錯話就等於砸人飯碗，會招致打擊報復！

王婆理論遍佈我們生活的方方面面，一旦我們被這些理論說服，對客觀世界的理解和認識便會被禁錮在理論編織的虛假世界中，根本看不到客觀世界的真實面貌。為了能夠把握自己的命運，我們需要建立獨立的思想和世界觀。

第二十章

躺平的智慧

所有的王婆理論都是根據人類的需求進行設計，如果不希望被王婆理論影響和左右，需要克制自己的需求和欲望。三國演義中的空城計，面對諸葛亮擺下的空城，如果是別人，肯定會直接殺入城內，司馬懿卻止步不前。很多人認為司馬懿聰明過頭，然而諸葛亮能夠將許多將領玩弄於鼓掌中，卻對司馬懿無可奈何。釣魚的時候，如果魚不咬鉤，就會非常難搞。如果我們選擇躺平不聽取對方的任何理論和資訊，對方就無可奈何。王婆理論並不怕對方有多聰明，而是害怕對方躺平，一旦躺平，就沒有割韭菜的機會。

在拳擊比賽中，只有扛住對方的打擊，才會有機

會反擊，年輕人開展防守反擊的第一步就是躺平，雖然有違常識，但的確是如此。現在叫躺平，在過去叫「隱市」，只有躺平，才能夠斷絕王婆理論的洗腦，然後擁有足夠的精力去研究和理解客觀世界，建立獨屬於自己的世界觀和視角。

王婆理論描述的未來，只是魚餌，人們被說服，沉浸在王婆理論編織的世界中，向著魚餌不斷努力，空耗精力而且得不到自己想要的結果，但是在絕大多數人眼中，這是進取、努力，而躺平的人，則成為了人們眼中的懶惰、落後分子，不受人們待見。當然，躺平並不是真正的躺平，退一步是為了能夠更進一步！與其被王婆理論吊著走，不如建立自己的世界觀，按照自己的思想前進，我命由己不由天！

首先，我們應該理解世界是如何運轉的。

我們可以將世界分為兩部分，一部分是外部的客觀世界，獨立於人類的意識存在。另一部分則是人們腦海中的認知世界，由各種各樣的理論塑造。人們生

活在客觀世界中,但邏輯和思維卻在腦海的認知世界中完成,這兩個世界並不相同。

當人們被理論說服,腦海中的認知世界便成為了人們觀察客觀世界的視角,清末山東河北等地掀起了義和團運動,宣揚:神功護體,刀槍不入。雖然在客觀世界中這是不可能的,但理論塑造了人們腦海中的認知世界。被理論說服的人,認為自己刀槍不入,在戰場中無所畏懼,但是結局可想而知!龐氏騙局、酸城平衡理論、鬱金香泡沫、金融茶等等,這些事物在人們腦海中塑造的認知世界,與義和團相比,並沒有本質區別!

為了避免這些理論對我們造成影響,我們需要換一個視角觀察世界。這個視角就是讀者在閱讀本書時的視角,只有站在這個視角,我們才能夠觀察到:人們腦海中的認知世界與客觀世界之間的距離!我們在分析問題時,應該站在這個視角,而不是被理論說服,站在理論塑造的世界觀內!接下來,我們將嘗試使用

這個視角分析問題。

首先，我們最應該分析的是金融危機，除了顯而易見的全國性的金融危機，地區性的金融危機也非常常見，例如：金融茶、黃龍玉、普洱茶、酸棗核、晶片、記憶體、固態硬碟等等，這些事物都可能成為金融危機的標的物，具體表現為短時間內價格的劇烈波動。能夠把握價格波動規律的人，可以依靠這種規律賺的盆滿缽滿，而無法掌握這種規律的人，則會因為價格波動而遭受巨額損失。

在 2020 年左右，產生了一種奇怪的現象，全球各地的記憶體生產廠家陸續發生火災，在那段時間，記憶體價格產生了劇烈波動，每一次火災過後，市場中都在傳言：記憶體的供應將會受到影響，價格將會上漲等等。人們看到這樣的新聞，預期價格將會上漲，並認為這是千載難逢的機會，將大量的資金投入其中，囤積記憶體晶片，等待價格上漲。

如果身處當時火熱的市場之中，記憶體晶片不斷

上漲，人們雀躍，我們能夠克制自己內心的欲望嗎？被欲望吞噬，便會全身心的投入交易之中，而我們則是克制自己的欲望，作為一個旁觀者去觀察世界。

首先，火災是否真實的發生、火災真的會影響記憶體的生產嗎？關於這一點我們根本無從考證，但是可以確定的是，這種資訊在社會中廣泛流傳，能夠說服更多的人參與到交易之中！所以，記憶體價格上漲的根本原因，並不是因為火災，而是人們被說服，更多的人和更多的資金參與到交易之中來，推動了記憶體晶片價格的上漲。

隨著價格的上漲，真正的消費者會因為價格的上漲而變得猶豫，但是投機者會因為價格上漲而瘋狂購買和囤積，雖然表面上，記憶體的需求在不斷增加，但實際的消費需求卻在減少。只有吸引更多的投機者參與投機，記憶體的價格才能夠維持不斷上漲！

此時的投機行為，已經成為了擊鼓傳花。當記憶體的價格無法持續上漲時，其實就已經說明，再也無

法說服更多的人參與交易了，為了吸引更多的人參與交易，推高記憶體價格，社會中就會頻繁出現記憶體生產廠家著火的新聞。作為旁觀者的我們能夠清楚的看到，現在基本就是價格的制高點了，將手中的記憶體拋售，就可以落袋為安。

　　但是沉浸在理論之中的人，依然期望記憶體的價格能夠再創新高，緊緊握著手中的記憶體不放。即便記憶體的價格已經開始下跌，他們依然期望價格能夠上漲，為了能夠吸引更多的人參與交易，市場之中的所有消息，依然堅定的認為價格將會上漲。但實際上，現在的理論難以說服更多的人，手中握有記憶體的人成為了擊鼓傳花遊戲中的最後一人，雖然他們希望能夠有人接盤，但那個人永遠沒有出現。

　　關於記憶體價格，存在兩種不同的觀察視角，第一視角是被記憶體價格理論說服的人，他們被置於理論編織的世界之中，所以每當有記憶體廠家著火的資訊法布時，他們就會堅定的認為價格將會上漲。第二

視角則是旁觀者視角，理論無法說服更多的人參與交易時，傳出記憶體廠家著火的消息，目的就是將自己手中的花傳遞給下一個人！只有第二視角才能夠觀察到形勢變化，形勢變化之前，理論完全有效，形勢變化之後，理論就會失效！記憶體價格逐漸回歸常態，手捧鮮花的人，卻成為了最倒楣的人！

在記憶體價格劇烈波動的這段時間內，學歷的高低並沒有使人們在交易過程中佔據優勢，能夠幫助人們佔據優勢的是認知！而提高自身的認知水準，是一個漫長的修行過程！

人們在篩選外部資訊時，將能夠滿足自己需求和欲望的理論視為正確，而那些無法滿足自己需求和欲望的理論則視為錯誤，這是人們先天性的認知習慣。人類從未對這種認知習慣展開過質疑，所有的判斷都在依照自己的天性進行。這種行為就像呼吸一樣，每時每刻都在無聲的進行，而且人類根本沒有辦法察覺這種行為的存在。雖然這種行為在無聲無息的進行，

但卻對人類行為造成了重大影響！

　　首先是人類的成長時期，也就是人類邁出象牙塔，進入社會之前，此時屬於世界觀的構築階段，家庭環境、教育經歷、以及小說、影視作品等等，共同構築了人們的世界觀。邁出象牙塔時，每個人對未來都充滿了幻想。

　　然而也就是此時，人類的認知問題開始浮現。有一部分人無法融入社會，選擇蝸居在家，成為了啃老族。造成這種現象的根本原因在於：在成長時期，腦海中的世界觀被塑造的過於美好，當自己開始獨自面對客觀世界時，實際情況與腦海中的世界觀差距過大，導致自己沒有勇氣面對！

　　對於這種局面，木已成舟很難再作出改變，唯一的途徑只有自悟！外界的勸解只會進一步刺痛他們，讓他們更加蜷縮。《菜根譚》有雲：「行不去處，須知退一步之法」，禁錮他們的是自己腦海中的世界觀！「菩提本無樹，明鏡亦非台。本來無一物，何處惹塵

埃」，為什麼腦海中虛假的世界觀會將自己禁錮？只是因為自己無法忘記，然而越是留戀，越是痛苦！只有忘記一切，才能夠從頭開始，重新面對自己的生活。

這種問題非常容易出現在家庭富裕、父母寵愛，或者學習成績優秀的人身上，而且也沒有合適的方法幫助這些人走出苦海。最主要的方法還是預防為主，在孩子的成長階段不可以過於溺愛，過於溺愛會導致孩子的世界觀嚴重脫離客觀世界，以至於孩子走向社會時，自己沒有足夠的能力面對客觀世界與腦海中世界觀之間的距離。

對於絕大多數人而言，面對客觀世界並不是難事，但問題是人們觀察客觀世界的視角是自己腦海中的世界觀！就像袁紹殺害田豐一樣，在袁紹腦海的世界觀中，將尊敬自己的行為視為正確，冒犯自己的行為視為錯誤。袁紹錯過了擊敗曹操的機會，田豐非常著急，向袁紹直言進諫，結果冒犯袁紹，被打入大牢。雖然在客觀世界中，田豐的建議十分正確，但人類觀察世

界和評價是非的標準是自己腦海中的世界觀！雖然，田豐的行為十分「正確」，但在袁紹的腦海中卻是錯誤的！

岳飛抗金取得節節勝利之時，秦檜從中挑唆下，宋高宗連發十二道金牌，將岳飛召回臨安。雖然岳飛的行為是正確的，但在秦檜的腦海中，自己才應該是皇帝眼中最優秀的人，為了防止岳飛建功，不惜從中挑唆，陷害岳飛。

究竟什麼是正確，什麼是錯誤？

中國傳統的哲學文化，是以旁觀者的視角觀察世界，所有的觀點均建立在這個視角之上。然而，金無足赤，人無完人。人們在觀察世界時，將自己腦海中的世界觀作為觀察客觀世界的視角，重新定義了正確與否的標準。我們將這種文化稱為入世文化，這種文化的正確性建立在權威之上，而且正確性被局限在權威的範圍之內。

1902 年，日本準備與沙俄軍隊在中國東北交戰。中國東北天氣寒冷，日軍嚴重缺乏寒冷地帶的作戰經驗，於是選擇本州氣候接近東北的青森縣作為訓練地，進行極寒行軍演習，嚴冬穿越八甲田山！

第一支隊伍由福島泰藏大尉率領，共 38 人，福島泰藏非常謹慎，一方面讓士兵不帶任何輜重，只帶足一周的食物，輕裝出發，一方面花錢雇當地人作嚮導，走捷徑躲避了雪山風暴，在第五天全員抵達目的地。

第二支隊伍由神成文吉大尉率領，共 210 人，山口鋠少佐隨同行軍，帶有大量的輜重。軍隊中，山口少佐的軍銜要高於神成文吉大尉，不斷否定神成文吉大尉的命令。神成文吉想聘用當地嚮導，被少佐否定，氣候突變，天降暴雪，士兵不斷凍傷，神成文吉決定返回營地，被山口否定。由於能見度差，整支隊伍在山中迷路。210 人的隊伍，在山上呆了 11 天，最後只活下來 11 人，199 人死亡。

山口少佐在進行決策的時候，是根據客觀世界的

真實情況，還是根據自己腦海中的世界觀？我們能夠感覺得到，雖然山口少佐的軍銜比神成文吉高，但這次行動卻是神成文吉在指揮，山口少佐對此非常不滿，處處否定神成文吉。在入世文化中，山口少佐的命令正確無疑，沒有人敢反對，但是在出世文化中，山口少佐的決策註定了悲劇的發生。

入世文化非常容易讓人們產生一種錯覺，尤其當人們位於權威的位置時，以為自己可以為所欲為，將自己腦海的中的世界觀作為評價一切的標準。趙高指鹿為馬、董卓兇狠殘暴、袁紹自負等等，雖然人們生活在客觀世界中，但邏輯思維卻在腦海中完成。腦海對客觀世界的印象，成為評價正確與錯誤的標準！

抗日戰爭爆發後，韓複榘任第三集團軍總司令兼第五戰區副司令，負責守衛山東及黃河防務。為了保存實力，不戰而退，連續放棄濟南、泰安和濟寧等地，全國輿論譁然。1938 年 1 月 24 日在開封參加北方將領會議時，被蔣介石下令拘禁槍決。

中國傳統文化的社會輿論基調，建立在出世文化之上，因此當韓複榘放棄濟南、泰安等地時，遭到了輿論的聲討。但是韓複榘在自己的勢力範圍之內，擁有絕對的權威，蔣介石將韓複榘騙至開封，才將其懲處。

　　此時我們發現一個問題，主宰打工者的其實是入世文化，因為在打工者所處的環境之中，權威決定了文化正確與否的標準，不同的團體有著不同的文化，打工者想要在這樣的環境中生存，必須適應這種文化！但是對於團體的決策者而言，雖然他們已經站在了權威的頂峰主宰了入世文化，但並不意味著他們能夠為所欲為，因為另一種文化主宰著他們，這就是出世文化！雖然決策者可以為所欲為，但需要承擔相應的後果。

　　歷史記載了決策者們的決策以及這種決策所帶來的後果，兩者之間呈現因果關係，這種因果關係便是客觀世界的運行規律，以這種規律為基礎的便是出世文化。客觀世界主宰了出世文化。而打工者想要生存，

就需要遵循權威定制的規則，因此權威主宰了入世文化。兩種文化是不同環境之下的產物。

軍隊的首領面對的是客觀世界，因此在軍事決策時，更偏向於出世文化。此外，一些創業型的企業，因為需要不斷擴大市場份額，同樣需要遵循出世文化。但對於文官而言，他們所面對的是權威主導的文化，因此偏向於入世文化，通過晉升而成為領導的人，他們的思維模式更偏向於入世文化。當權利到手時，以為自己可以為所欲為，但卻受到了出世文化的制約。中國歷史之中的高人，往往身處世外，這些人精通於出世文化，卻對入世文化不屑一顧！

第二十一章 如何預測未來

金融危機是現在較為常見的現象,雖然人們能夠分析金融危機爆發的原因,但所有的分析均建立在已經發生的危機之上。對於未來即將到到的金融危機,人們仍然無法預測,而且當危機爆發時,人們仍然難以逃脫,為什麼會這樣?

其實前面我們已經分析過了,預測金融危機,這是一個認知問題,而不是知識和理論的問題,次貸危機爆發前,美國的經濟學家魯比尼已經成功預測,並向人們發出了警告,但人們對他的警告置若罔聞,因此在危機爆發時,人們損失慘重。

當人們篩選外部理論時，更傾向於選擇那些滿足自己需求和欲望的理論，排斥那些無法滿足自己需求和欲望的理論。即便世界中存在能夠準確預測危機的理論，也會被人們忽視。能夠在社會中廣泛傳播的理論，是那些能夠滿足人們需求和欲望的理論，而真正能夠切實反映客觀世界的理論，由於無法滿足人們的需求和欲望，而被人們忽視。因此，人們其實生活在一個虛假的世界觀中！

當人們被理論說服，理論便構建了人們腦海對客觀世界的印象，但這是客觀世界的真實面貌嗎？由於人們更傾向與能夠滿足人們欲望和需求的理論，在不知不覺中，人們腦海對客觀世界的印象與客觀世界出現了脫節！

這是人類認知系統的 BUG！

客觀世界按照自身的規律運轉，而與人類的意志無關！因此，我們在理解客觀世界的時候，不應站在自己的喜好之上，而是站在客觀世界的運行規律基礎

之上。因此，我們需要調整自身的認知習慣，克制需求和欲望，做到「不以物喜，不以己悲」！

只有克制了自己的需求和欲望，我們才不會被那些能夠滿足我們需求和欲望的理論迷惑，才能夠保持客觀與理智，正確的看待客觀世界！但是，能夠做到這一點的只是極少數人，絕大多數人依然沉浸在欲望編織的虛假世界！因此，「少數服從多數」的現象，只存在於入世文化，而不存在於出世文化。我們能夠改變自己的認知習慣，但卻改變不了別人！當所有人陷入瘋狂時，我們需要保持冷靜，雖然在別人眼中，我們是多麼的愚蠢和懶惰，但是能夠保持清醒的只有我們，因為客觀世界不會按照人們的需求和欲望運轉！

只有建立的正確的心態，我們才能夠理解客觀世界，歷史所反映的便是客觀世界的運行規律！雖然人們生活在客觀世界中，但決策卻是在腦海的世界觀中完成，雖然在人們的腦海中所有的邏輯都十分合理，但人們腦海中的景象與客觀世界並不相同！人們腦海

中浮現的景象，未必能夠在客觀世界中成為現實！

每一家企業都會存在兩種文化，企業為了銷售自己的產品和股票，設計特定的理論在社會中傳播，為了能夠將人們說服，這些理論在設計時更偏向於人們的需求，人們非常樂於接受能夠滿足自己需求的理論，當人們被說服，便會沉浸在理論編織的世界觀中。但是，企業的未來發展方向與理論描述景象會一致嗎？

入世文化塑造的是人們腦海中的世界，理論可以將人們說服，但卻無法說服客觀世界！然而人們的認知被禁錮在理論編織的虛假世界中，根本看不到客觀世界的真實模樣。就算我們擁有足夠的證據向人們證明這是龐氏騙局，但是身處其中的人們會相信我們嗎？

「當局者迷，旁觀者清」，只有克制自己的欲望和需求，建立正確的心態，才能夠將自己置身於局外，不被虛假的世界觀所迷惑，看清客觀世界的真實面貌！但是，此時就不要指望自己的觀點能夠將人們說服，人們在篩選理論時，更傾向於選擇能夠滿足自己需求

的理論,而不是那些切實反映客觀世界的理論。

因此,我們發現入世文化之中的理論,側重於將人們說服,不需要切實反映客觀世界,適用於銷售及政策推廣,而出世文化之中的理論,則側重於客觀世界的真實面貌,不需要將人們說服,適用於決策。

當我們預測一家公司未來的走勢時,是應該使用入世文化,還是出世文化呢?入世文化是那些持有公司股票的人在用,只用將人們說服,人們才會購買公司的股票,股票的價格才會上漲。為了能夠成功的將公司股票賣出,他們只會強調對公司有利的資訊,對公司不利的資訊則會避而不談。作為投資者,被理論說服之後,就會義無反顧的支持和購買,但是,公司未來的發展真的像理論描述的那般嗎?此時我們需要用出世文化看待這一切,不要被理論描述的虛假世界所迷惑。

第二十二章

為什麼中國的傳統哲學會出現斷層

中國的傳統哲學出現斷層，其實很好理解，就像父母給孩子講述大道理一樣，孩子根本不會聽，這些大道理對人們根本沒有吸引力，而且人們感覺這些大道理基本沒什麼用，這便是中國傳統哲學的現狀。

為什麼我們要研究中國的傳統哲學，中國的傳統哲學有什麼用，這是應該首先需要解決的問題。年輕人離開象牙塔之後，便會投入到打工生活，所接觸到的文化幾乎都是入世文化，入世文化塑造了人們的世界觀，人們根本接觸不到出世文化，但這並不代表出世文化沒有用。

古人一直在強調，人應該有遠大的志向，雖然現在屈居於人下，需要適應當下的入世文化。雖然此時的人們根本用不上出世文化，但學習和研究出世文化，是一種提升自己才能的能力儲備。

在生活中我們會接觸到大量的理論，這些理論會將人們的認知禁錮在虛假的世界觀中，並對人們進行收割。絕大多數人根本無法察覺，但是出世文化可以察覺！出世文化可以幫助我們躲過資本的收割，同時抓住難得的機會！

在學校和剛參加工作的時候，學歷對人們的影響非常大，但隨著時間的增長，學歷對人們的影響開始淡化，認知水準對人們的影響不斷增強，認知水準強的人，不容易被別人迷惑，而認知水準弱的人，則很容易被別人迷惑。中國的傳統哲學提升的是人們的認知水準，而不是學歷！

「道」是中國傳統哲學的核心，然而在大多數人眼中，「道」非常抽象，「玄之又玄」，人們根本不

明白「道」為何物。其實，「道」是在特定視角下觀察客觀世界的產物，人們只有站在特定的視角之下，才能夠觀察到「道」的存在。但是，人們觀察客觀世界的視角，被局限在自己世界觀之內，認為滿足自己需求的理論，便是正確的，無法滿足自己需求的理論便是錯誤的。

次貸危機爆發前，美國經濟學家魯比尼教授向人們發出警告：一場危機將會爆發。這樣的理論顯然無法滿足人們的需求，遭到了忽視。但是次貸危機正如教授的預測，在 2008 年爆發。人們站在自己的視角觀察世界，而教授則是站在客觀世界的視角觀察世界。同樣的世界，在不同的視角下會呈現出不同的景色，教授視角所觀察到的景象，其實就是「道」。

《道德經》之中的內容，其實就是老子站在客觀世界的角度所觀察到的景色，當人們站在相同的視角時，就能夠觀察到相同的景色，從而產生共鳴！所以，中國傳統哲學就是在圍繞著這個視角展開。

中國傳統哲學的沒落，是因為人們丟失了這個視角，只是強調觀點，人們站在自己的視角觀察世界，怎麼可能與這些觀點產生共鳴？中國傳統哲學的延續，並不是延續觀點，而是延續觀察客觀世界的角度！

中國是世界上唯一沒有宗教信仰的國家，宗教的本質也是一種世界觀，用一種特定的視角觀察世界，中國的傳統哲學也是在用一種特定的視角觀察世界，只不過這個視角是「無」！只有當我們不受到欲望和需求的左右，才能夠觀察到客觀世界的真實面貌。所以中國傳統哲學自古就是「不言之教」，只能通過「悟」來體會，無法通過言傳身教來傳遞。哲學修養越高，越能夠看清事物的本質而不被迷惑。所以，中國傳統哲學在軍事和管理領域有著非常重要的作用。

國家圖書館出版品預行編目資料

文化自省 / 王超著. -- 初版. -- 臺北市：博客思出版事業網, 2025.04
面 ； 公分
ISBN 978-626-7607-09-1(平裝)
1.CST: 中國文化 2.CST: 文化研究
541.262　　　　　　　　　　　　114001872

當代觀察16

文化自省

作　　者：	王超
主　　編：	楊容容
編　　輯：	陳勁宏
美　　編：	陳勁宏
校　　對：	楊容容　古佳雯
封面設計：	陳勁宏
出　　版：	博客思出版事業網
地　　址：	臺北市中正區重慶南路1段121號8樓之14
電　　話：	(02) 2331-1675 或 (02) 2331-1691
傳　　真：	(02) 2382-6225
E - MAIL：	books5w@gmail.com或books5w@yahoo.com.tw
網路書店：	http://5w.com.tw/
	https://www.pcstore.com.tw/yesbooks/
	https://shopee.tw/books5w
	博客來網路書店、博客思網路書店
	三民書局、金石堂書店
經　　銷：	聯合發行股份有限公司
電　　話：	(02) 2917-8022　　傳真：(02) 2915-7212
劃撥戶名：	蘭臺出版社　　帳號：18995335
香港代理：	香港聯合零售有限公司
電　　話：	(852) 2150-2100　　傳真：(852) 2356-0735
出版日期：	2025年4月 初版
定　　價：	新臺幣300元整（平裝）
ＩＳＢＮ：	978-626-7607-09-1